用男孩的逻辑与男孩沟通

〔日〕小崎恭弘◎著　　图栩◎绘　　徐峥榕◎译

北京科学技术出版社

OTOKONOKO NO HONTO NI HIBIKU SHIKARIKATA HOMEKATA by Yasuhiro Kozaki
Copyright © Yasuhiro Kozaki, 2014
All rights reserved.
Original Japanese edition published by Subarusya Corporation, Tokyo.
This Simplified Chinese language edition is published by arrangement with
Subarusya Corporation, Tokyo in care of Tuttle-Mori Agency, Inc., Tokyo
through Inbooker Cultural Development (Beijing) Co., Ltd.

著作权合同登记号　图字：01-2024-3574 号

图书在版编目（CIP）数据

用男孩的逻辑与男孩沟通 /（日）小崎恭弘著；图栩绘；徐峥榕译. -- 北京 ：北京科学技术出版社，2025. -- ISBN 978-7-5714-4438-9

Ⅰ. G78

中国国家版本馆 CIP 数据核字第 20254VD181 号

策划编辑：	张子璇　王煦萌
责任编辑：	张子璇
责任校对：	贾　荣
封面设计：	郭京卉
排版设计：	管银枝
责任印制：	吕　越
出 版 人：	曾庆宇
出版发行：	北京科学技术出版社
社　　址：	北京西直门南大街 16 号
邮政编码：	100035
电　　话：	0086-10-66135495（总编室）
	0086-10-66113227（发行部）
网　　址：	www.bkydw.cn
印　　刷：	北京宝隆世纪印刷有限公司
开　　本：	880 mm × 1230 mm　1/32
字　　数：	110 千字
印　　张：	5.875
版　　次：	2025 年 7 月第 1 版
印　　次：	2025 年 7 月第 1 次印刷

ISBN 978-7-5714-4438-9

定　　价：55.00 元

京科版图书，版权所有，侵权必究。
京科版图书，印装差错，负责退换。

序言

我是三个男孩的父亲，自己也有两个亲兄弟，而且我的父亲也是兄弟三人。我很惊讶自己成长在这样一个"男人堆"。

从小时候起，我周围就都是男孩。后来，上高中后，我又开始参加青少年活动（比如担任露营领队等），经常与上中小学的男孩玩在一起。成为幼师后，我也是男孩们眼中的"抢手货"，每天都和他们玩得不亦乐乎。

因此，谈到如何与男孩相处，我也算是半个专业人士。

担任幼师时，我经常在讲座和活动现场与家有男孩的家长交谈。有很多家长表示自己无法理解男孩，不知道如何与他们相处；也经常有人咨询应当如何批评或表扬男孩，让他们听话。

"应该怎么批评他？"

"我感觉批评他的话一点作用都没有。"

"我也想采取鼓励式教育，但看到他们做的事，就忍不住要批评两句。"

各位家长的感受大抵都是如此。家长的初衷都不想批评孩子，都想心平气和地沟通，实行鼓励式教育。然而，现实却是每天都要和儿子"大战"三百回合！

相信这本书能成为家长的好伙伴。我将作为向导，带领大家走进"男孩的世界"，帮助家长理解男孩的逻辑，理解他们的心理。通过用正确的批评和表扬方式与男孩沟通，改变他们的行为，让他们更好地成长。

我会帮助家长一起快乐育儿，和男孩在欢笑中共同进步！

目录

01

降低预期，接受男孩的"非正常逻辑" | 001

为什么男孩完全不听家长说的话？！ | 002

男孩对批评往往充耳不闻 | 008

儿子和妈妈"水火不容" | 013

说到男孩心里去的沟通方式 | 017

"困难重重"是养育男孩的常态 | 021

02

025 | **破解男孩行为之谜！**

026 | 了解男孩的生活状态，才能理解他们的行为

029 | 突然行动！爆发力强

036 | "一本图鉴看几十遍"的执着男孩

042 | 未张口先动手的男孩，未来会有暴力倾向吗？

048 | 充满幻想的男孩世界

054 | 张口闭口都是玩笑！我儿子为什么总是没正经？

059 | 不同年龄段男孩的特征

03

养育男孩，不靠批评 | 067

如何避免"突然动怒，事后后悔" | 068

约定越多，批评越多 | 072

用"健康成长就好"的心态养男孩 | 078

明确界定批评的标准 | 081

终极的应对方式是学会一定程度上的"视而不见" | 085

是不是对孩子的要求太高了？ | 089

将今天定为"不批评"日 | 094

家里陷入一片混乱，不如暂时离开 | 100

04

103 | **这样批评，男孩才会听！**

104 | 男孩眼中只有"现在"

108 | 这样说，男孩才会听

113 | 批评时的姿态很重要

117 | 奖罚分明的有效方法

122 | 批评不要拖沓

125 | 请保护好男孩的自尊心

130 | 家长获得三胜七负足矣

目录

05
这样表扬，男孩会进步神速 | 135

男孩容易得意忘形，一定要多表扬 | 136

怎样表扬男孩才能奏效？ | 140

表扬也要当场进行 | 144

略微夸张地表扬更有效 | 148

积极向男孩表达心意 | 154

整天调皮捣蛋的男孩，也有值得夸奖之处 | 158

06
163 | 斗智斗勇，养育男孩也可以乐在其中

164 | 男孩对妈妈的要求

169 | 应该对男孩严厉一点吗？

173 | 如何实现与男孩心意相通？

177 | 养育男孩，痛并快乐着

01 降低预期,接受男孩的『非正常逻辑』

为什么男孩完全不听家长说的话？！

所有话都是左耳朵进右耳朵出

首先，请各位家长放下必须让男孩听话的执念。没错，他们根本就不会听话。原因非常简单，因为他们"根本就听不进去"，就像"马耳东风"和"对牛弹琴"一样，古人形容得简直太贴切了。

仔细想想，想让孩子"好好听话"包含了两层意思。一个是"孩子没有遵照执行家长刚刚说的话"，另一个是"家长反复强调同样的问题，还是没有看到孩子有任何反省或者转变态度"。

举例而言，"孩子没有遵照执行家长刚刚说的话"可能会有以下几种表现形式。

01 降低预期，接受男孩的"非正常逻辑"

> ▶ 家长说："你的鼻涕流出来了，快擦擦。"孩子非但没有照做，反而用力擤出了更多鼻涕，然后跑开了。
>
> ▶ 家长说："那里有垃圾，捡起来扔进垃圾桶。"本以为孩子会捡起来扔进垃圾桶，结果他突然从垃圾桶里把垃圾捡出来，一个个摆在地上。
>
> ▶ 孩子乘坐地铁时感到无聊，会抓住扶手晃悠身体或在车上随意走动。即使家长为了避免影响他人出言阻止，孩子也不会听，最终反而会坐在地上。

当我把这些真实发生的事情写出来的时候，会感到有点荒谬，甚至好笑。然而，对亲身经历这些事情的家长而言，男孩的每一个行为都很难理解。家长说的话完全没有传达到他们的耳朵里，他们也完全不听家长的话。

 用男孩的逻辑与男孩沟通

▌无论说多少次，都不会停、不会改

"家长反复强调同样的问题，还是没有看到孩子有任何反省或者转变态度"，具体的情况有以下几种。

> ▶ 孩子穿裤子的时候总是分不清正反面。某一天终于正反面穿对了，结果前后又穿反了。
> ▶ 家长说："脱鞋的时候要把鞋放好。"然而，门厅里的鞋100%是底朝天的，或者只有一只放好了，或者左右脚的鞋放反了。
> ▶ 家长说："不要把没用的东西放进书包里。"结果总是能在书包里发现石头、棍子和潮虫，甚至还有小伙伴的裤子。

01 降低预期,接受男孩的"非正常逻辑"

当然,并非每个男孩身上都会发生这些事,不过男孩的家长一定遇到过类似的情况。每当这些情况发生,家长肯定都忍不住批评孩子几句。

"我以前提醒过你吧!"

"我跟你说过多少次了,为什么就是记不住呢?"

"什么时候才能像点样子?"

这时家长感到生气也很正常。家长原本并不想批评孩子，也不想生气。如果可能的话，每个家长都更愿意温柔、体贴地和孩子相处，接受他们的每一面，微笑着进行鼓励式教育……然而，现实中，家长们每天都会在孩子面前做出远超自己想象的举动，展现出前所未有的态度，最后甚至演变为每天满口怨言。这样做不仅不会引起孩子的共鸣，还只会给孩子留下"家长很可怕"的印象。可以说，**批评只会导致亲子间的两败俱伤**。

▍男孩的相似之处

每到此时，家长往往会因为自己的想法没能传达给男孩而感到焦虑，有时甚至会感到绝望。这时候你会不会感觉自己仿佛置身一片陌生的土地上，闯入了一个语言不通的部落，感到孤立无援？你忍不住要问：

01 降低预期,接受男孩的"非正常逻辑"

"我的儿子是从哪个部落来的?"

"莫非他不是人类?"

"他是小怪兽吗?"

如果感到非常担心,你可以积极地和身边有儿子的家长们交流。聊过之后你应该会感到安心一点,因为很多男孩都有这样的特质。并不是只有你家的孩子很"奇怪",几乎所有男孩都是"奇怪的生物"。认清这个现实或许会让你感觉轻松一点。

男孩对批评往往充耳不闻

▍"妈妈说的是哪国话？"

每当男孩做出一些古怪的举动，或者惹出麻烦的时候，家长就会问："你为什么要这样做？"这时家长会紧紧抓住孩子的手腕，在原地一动不动，充满斗志地一定要问个明白。

这种时候，孩子会诚实地告诉你"因为……"或者"我当时是……想的"吗？肯定不会吧！当男孩被家长追问"你为什么要这样做？"的时候，他心里可能是这样想的：

"我不明白妈妈在说什么，她说的是哪国话？"

"我不知道妈妈在和谁说话，我好想去抓虫子。"

"我不记得自己做过什么。也不知道该说什么。"

01 降低预期，接受男孩的"非正常逻辑"

"我不会做每件事之前都想好为什么的，而且都是很久以前的事了，怎么可能记得？"

男孩大抵都是这样想的。当家长追问原因时，男孩会感到不知所措，无法回答。如果家长能马上结束质问还好，但男孩往往会因为过于紧张，想做点什么蒙混过关，于是就会嬉皮笑脸地笑着跑开，这反而会更加激怒家长。

用男孩的逻辑与男孩沟通

家长使尽浑身解数表达自己的想法，却完全得不到男孩的理解，家长会不会觉得这样的自己像个傻子呢？正所谓"儿女不知父母心"，这句话完美地诠释了真实的亲子关系。

▌男孩在行动之前是怎么想的？

在与男孩的妈妈交流时，我最常听到的一个词就是"为什么"。

"为什么他不听我的话？"

"为什么他要光着身子跑来跑去？"

"为什么他要打架？"

"为什么？为什么？为什么……"

对家长来说，男孩的行为可能永远都是一个谜。

01 降低预期,接受男孩的"非正常逻辑"

其实,幼儿园里也在循环上演追问"为什么"的戏码。当我还是一名幼师的时候,同班的女老师也经常对男孩说这样的话:

> "为什么书包里会有毛毛虫爬出来?"
> "为什么一个男孩一定要倒着走?"
> "为什么男孩尿尿总想尿得更远?"

不过,看到这种场景,作为一个男人,我从来没有想过"为什么"。因为在我的印象中,自己仿佛也做过这些事,能充分理解男孩们调皮捣蛋的行为。

"我以为我们能更好地理解彼此。"这是我演讲结束后,一位向我咨询的妈妈说的话,她给我留下了深刻的印象,"我很喜欢孩子,他出生时我很开心。我一直在努力教育他,但我越来越无法理解我儿子了,有时他看起来像是另一个物种。"

经常有妈妈在向我咨询男孩的问题时会表示:

"我理解不了男孩。"

"他为什么要这样做？"

"有谁规定看见水坑必须跳进去了吗？"

"谁规定拿着棍子一定要随便挥舞了？"

男孩们固然很可爱，但他们似乎总有一些行为让人难以理解，也无法与他们沟通。

儿子和妈妈"水火不容"

▍男孩的行为在妈妈眼里都是谜

对妈妈而言,男孩永远都是一个谜。

妈妈在以"女性"的身份生活,而她们的儿子是以"男性"的身份生活。社会上一直在营造"男女无差别"的氛围,追求男女平权和平等。我完全赞同这种做法。我们应当努力消除男女在制度和权利上的差别。然而,男女之间存在显著的差异,这种差异不仅是生理上的。这一点妈妈们应该也有切身的体会。不仅是儿子,孩子爸爸的行为是不是有时也很让人费解?

孩子妈妈是不是也经常会对孩子爸爸说:

> "为什么你脱下来的袜子总是反着的？"
>
> "为什么用完调料之后不盖上盖子？"
>
> "为什么我忙着做家务的时候，你还能在旁边玩游戏？"
>
> "孩子夜里哭得那么厉害，你怎么还能睡得着？"

孩子的爸爸曾经也是一个男孩。我有三个儿子，我的妻子经常抱怨说："啊，你们这四个累赘！"不知何时，我也和三个孩子成了一伙的。我们四个人的生活习惯确实很相似，比如吃饭、睡觉和走路的方式，汗水的味道，打嗝、打喷嚏的方式，和孩子妈妈说话或者找借口的方式，甚至撒谎时的掩饰动作，等等。

儿子长大后，会逐渐变成爸爸的样子。爸爸是男孩身边最熟悉也最容易模仿的范本。从男性的角度看，也会不理解女性的许多行为，不禁要问"为什么"。

我们也常常问：

> "为什么马上就要出门了你还没准备好?"
>
> "为什么你总是揪着一点小错说个不停?"
>
> "为什么你每天都要说'从明天开始减肥'?"

尽管我们承认现实中的个体差异,但是男性和女性之间始终有一道似乎难以逾越的鸿沟。

不合拍很正常

除了性别差异外,"成人和儿童"之间也存在很大的差异。

一个典型的例子是**儿童的行事原则之一是"此时此地"**,我将在后文详细阐述这一点的具体内容。孩子有时可能会缠着父母要糖果和玩具,不断地说"我想要这个""我想买那个"。相信很多家长为此感到头痛不已。然而,就算父母说

"下次再给你买"或"家里有一样的",孩子也不会接受,并且会变得蛮不讲理,不断重复着"不,我就要买!买吧,买吧,买吧!"

成年人可以结合自身经验和体会做出判断,可以等待或协调。然而,孩子还不具备人生的阅历和判断力。**对孩子而言,"面前真实存在的事物是唯一且绝对的"**。这个范围非常小,而且单纯、简单。孩子非常重视自己看到的、感觉到的、触摸到的,以及得到事物的瞬间。

如果家长理解孩子的这个特点,或许就能理解他们的行为了。孩子在遭到阻止后仍然要一意孤行,是因为他们不会考虑前因后果。对妈妈(成年女性)而言,儿子(未成年男性)可能是最亲近的"陌生人"。无法和男孩顺利沟通本身就是常态,即便家长很难理解,也不愿意理解这种现象。

不过,**如果家长能认识到和孩子之间的关系本身就始于这种"不理解"**,这或许能促使我们换个角度重新思考亲子关系。

01 降低预期，接受男孩的"非正常逻辑"

 ## 说到男孩心里去的沟通方式

▎认识到男孩是"另一个物种"之后……

归根结底，男孩就是一种莫名其妙的生物。经常难以理解男孩的行为是很正常的现象。

我的二儿子在小学四年级时从7米高的山崖上跳下来，骨折了。当我问他为什么要这样做时，他直言不讳道："我以为我能飞起来。"虽然他是我的亲儿子，但我也不能理解他的想法，甚至觉得他根本不可理喻。

从那时起，我就明确了一个认识。

"我和我儿子的代沟不是由年龄导致的，我们根本就不是同一种生物。"

认识到这点反而让我舒了一口气。做爸爸的尚且如此，妈妈要接受自己和儿子之间的差异只会更难。

大家可能没有发现吧！在你旁边的其实是一种叫作"男孩"的新生物，而不是普通人类。

以上就是男孩的基本特征。当然，他们每个人的实际情况不尽相同，也存在许多亚种。

家长可能认为男孩也是人，总有一天能明白家长说的话。不过，如果能把男孩看作另一个物种，是不是更能看开一点呢？

当然，这都是玩笑。不过我相信，大家在养育男孩的过程中一定能感受到彼此之间存在的巨大隔阂。

01 降低预期,接受男孩的"非正常逻辑"

常识不起作用

那我们怎样才能用男孩的逻辑和男孩沟通呢?这也正是本书的主题。

我想有很多家长都有这种感觉。无论你批评男孩多少次，他都不会回应；试图通过表扬来激励他们，也总是白费口舌。归根结底，平常的沟通方式无法奏效。

如果将男孩视作"另一个物种"，你就不难理解常识在男孩身上不起作用是很正常的。男孩有他们能接受的独特的沟通方式和互动方式。对男孩而言，有一些沟通方式能够触动他们的内心。要引起男孩的共鸣，关键是要了解男孩真实的自我和内心，不要被他们搞怪的外表或行为蒙蔽双眼。

家长难以理解的行为和思维方式只是男孩天性的一个外在表现形式。透过表面，接近和理解男孩的本质，才能在与他们的相处中产生心灵的共鸣。

你一定能做到！

"困难重重"是养育男孩的常态

▍专业幼师也很难管教自己的孩子

有些妈妈可能已经对自己丧失了信心,认为自己经常批评甚至训斥孩子,不是个好家长,或者认为养育孩子非常困难。

没关系。"困难重重"是育儿的常态,尤其是养育男孩。

我的妻子也是一名幼师。算上我,我们家就有两名幼师了。幼师的工作标准明确规定了一名幼师可以看护的儿童数量。在日本,如果要看护年满四岁的儿童,师生比应为"1∶30"。这意味着,一名幼师最多可以照顾三十名儿童。按照这个标准,我们夫妻俩可以一起照顾六十个孩子。然而,我们两个专业幼师搭伙,也经常照顾不好家里的三个儿子。

不好好吃饭,不好好睡觉,不听家长的话……这些都是常有的事!

如此想来，让"业余"的家长把孩子顺利养大不是件容易事。如果顺利，那我们这些专业幼师就没有立足之地了。养育孩子绝对不可能一帆风顺，一定是磕磕绊绊的。请大家充分认识到这一点。

"养育孩子一定会很顺利。"

"我家孩子很乖，什么事都不用担心。"

如果持以上这类想法，家长在顺利的时候尚且能保持理性。如果遇到一些小矛盾、磕磕绊绊，外加事先没有考虑到"不顺利"的后果，你就会感受到更深的挫败感和沮丧感。

甚至有的家长会陷入深深的内疚和自责：

"是我不好！"

"不应该是这样的。"

"我不是一个好妈妈"。

▌▌请家长放轻松

大家不如放弃完美主义的想法,及早认识到"养育孩子不会一帆风顺",适当降低自己的预期目标。

即使遇到一点磕磕绊绊,甚至失败,由于预期比较低,就不会产生太大的落差,也不会受到太大的伤害、打击或感到失望。如果你一开始就把育儿目标定得很高,就会认为进展顺利是理所当然的。相反,**如果将目标降低,育儿过程中的任何顺利进展都会让你感到非常愉快。**

转变一下思路,有助于你顺利度过漫长的育儿时期。养育男孩更是如此。

有些家长认为"我的孩子就是我的宝贝!我们一定能理解彼此,一辈子珍惜彼此。"遗憾的是,孩子肯定不会这样想,他一定是脱了内裤到处跑的熊孩子。

和男孩无法理解彼此是很正常的。

请各位家长从现在开始,树立起这种意识。

02 破解男孩行为之谜！

了解男孩的生活状态，才能理解他们的行为

▍男孩行为"古怪"的原因

当我还是一名幼师时，和孩子们玩过很多游戏，其中最常见的就是"过家家"。

经常有孩子邀请我："小崎老师，咱们一起玩'过家家'吧！"当时我的工作就是和孩子们一起玩，所以我会欣然地加入他们。然而，很遗憾的是，我在玩这个游戏时感受不到真正的快乐。其中一个原因是，孩子们总要求我扮演父亲的角色，当我问"扮演爸爸需要做什么呢？"，孩子们就会说"去上班吧！"于是我的戏份就没有了。父亲这个角色的戏份太少了。另一个原因是，我小时候从没玩过"过家家"，没有亲身

参与这个游戏的体验，因此完全感受不到玩这个游戏的乐趣。我是家里三兄弟中的老大，我有两个弟弟。而"过家家"通常都被认为是女孩才玩的游戏，因此我从小就基本无缘参与。

我的妻子也是一名幼师，我们曾经讨论过这个话题。我问妻子："我一点也不喜欢玩'过家家'。你觉得好玩吗？"妻子答道："非常好玩。我小时候经常玩。如果有洋娃娃之类的道具，我可以一直不停地玩。"她的回答让我十分惊讶，因为洋娃娃完全不会让我感到兴奋。

"我从来没有玩过洋娃娃，理解不了你的心情。不过我看到甲虫还是会很兴奋的！"听了我的话，妻子却反驳道："看到甲虫有什么好兴奋的！"同为幼师，我俩也说不到一块去。

上文提到男女有别时我曾经说过，妈妈以女性的身份生活，在她们的成长过程中，一直以女性的身份思考，并在女性文化中成长。而男孩，即便年纪再小，也是以男性的身份思考问题，并在男性文化中成长。

当然，母子之间也有很多接近和相似的地方。但从根本上说，妈妈和儿子是两种不同的生物，当今社会，对男性和女性行为举止的要求往往是不同的，期望他们扮演的角色也是不同的。**因此，妈妈难以理解男孩的行为是很正常的现象。**

为了避免引起误会，我要事先声明，我呼吁家长们接受男孩的不合常理，并非是让大家对男孩放任不管。

我希望家长们能多了解男孩，按照男孩的特点与之有效地沟通，从而减少亲子之间的隔阂，彼此心平气和地相处，让男孩茁壮成长。我希望能通过这本书，让大家更加了解男孩的各项特征，更加理解自己的儿子。

突然行动！爆发力强

突然做出意料之外的事情

"易冲动"是儿童身上普遍存在的显著特征，男孩尤其如此。

当然，这也并不绝对，任何事都存在个体差异。不过，以我曾经担任幼师的经验来看，我认为大多数孩子都是这样的。这里的"易冲动"是指容易突然做出动作和行为。他们无法预测的行为有时会给他们自己和他人带来伤害或纠纷。

日本某公立幼儿园一年内到医院就诊的儿童统计数据显示，男孩的受伤人数多于女孩。多个城市的统计数据也显示，**男孩比女孩更容易受伤**。这是为什么呢？

我曾经在一次培训中展示过这些数据，并就此采访了一些幼师。他们给出了这些答案：

"男孩就是很爱开玩笑。"

"他们本来在闹着玩，闹着闹着就真打起来了。"

"他们根本不听老师的话。"

"受到其他人的影响，他们学会动手了。"

"玩上头了，他们就会忘乎所以。"

看到这些话，你是不是眼前又浮现出自己家孩子的样子了？我不了解大家儿子的具体情况，但我相信他们一定也有类似上面这些情况。我家的三个儿子简直就是全中。写到这里，妻子在我身边说："你也是这样的！"

男孩为什么会易冲动呢？

对这个问题的解释众说纷纭。有的人说，男性某些荷尔蒙的分泌量会高于女性，从而增加了其冲动性和攻击性。也有人说，原始社会时期，男性主要承担采集和狩猎的工作，所以保留了其易冲动的本性。

这些说法似乎都很有道理，但抛开原因不谈，我希望家长能理解的一点是，男孩本身就是一种易冲动、易突然行动的生物。

比如男孩正在沙坑里愉快地玩耍，当一只猫从他面前经过时，他就会把在沙坑里玩的所有东西都扔了，向猫跑去；爬上健身架，突然就跳下来；在没有任何准备动作的情况下，突然一拳打碎玻璃窗，完全不考虑会不会受伤。

类似的事情不胜枚举。

在这里有两个关键词值得注意，分别是"**突然**"和"**意外**"。他们做事真的是出乎意料。人们常说"孩子是一种会辜负期望的生物"，话虽如此，但对家长来说，这种"辜负"着实让人难以承受。

- ▶ 你的儿子有没有把东西塞进过鼻孔或耳朵里？
- ▶ 你的儿子有没有吃过硬币或弹珠？
- ▶ 你的儿子有没有用剪刀咔嚓咔嚓地剪过自己的头发或钞票？

这些事在我们家都发生过。男孩总是能做出你预想不到的事。这些事有时甚至会导致他们自己或其他儿童受伤。针对儿童死因的统计数据显示，死于意外事故的儿童人数超过了死于疾病的儿童人数。这些意外事故往往与儿童的冲动行为有关。

难以预料的行为

男孩们很难抑制冲动。他们做出突然的动作和行为时不分地点、情况、时间和对象。正因如此，这些动作和行为就显得更加突然了。

做出这些突然的行为也并非都出于他们的本意。虽然这些行为会给人留下"身体灵活""反应过快"的好印象，但这一点暂且不谈。

如果家长能理解男孩易冲动的习性，扩大自己的可预料范围，就可以更从容地应对。**预料到孩子会做出突然的行为，家长就要提前采取行动。**比如在孩子外出散步时，不让年龄小的孩子走在靠近车道的一侧，而且一定要和小伙伴或者大人牵手。这样能防止孩子突然从队伍里冲出来遭遇危险。

另外，对于平时比较容易做出突然行为的孩子（具体表现有调皮、好动、不太稳重等），家长或老师一定要牵着他的手，或者让孩子在触手可及的范围内活动，这也是扩大可预料范围的一种做法。

各位可以偷偷观察自己的孩子在幼儿园或托儿所散步时，大致在队伍的哪个位置，和谁牵着手。如果总是在最前面被老师紧紧牵着手，那肯定就是调皮大王了！

不过，不用担心。这也说明孩子的行为还在老师可以预料的范围内，而且孩子的性格非常直爽。换句话说，他一定是个非常单纯可爱的男孩。

家长们也可以借鉴老师的做法，充分认识到"男孩就是会突然行动的生物，我不可能完全预料他的行为，这样想是不是能有些心理准备呢？

因此，在和男孩的日常相处、出行和游玩中，也要把安全放在首位，不要让孩子离开自己的视线。

另外，在照看男孩时千万不要认为"这点小事不用看着他"。对于家有男孩的妈妈而言，张弛有度是管教男孩的黄金准则。这一点说来简单，但要做到也很消耗精力。

"一本图鉴看几十遍"的执着男孩

男孩都很执着

你的儿子喜欢火车吗？喜欢其他交通工具吗？喜欢昆虫吗？我相信大多数男孩都喜欢，而且是非常喜欢。

在幼儿园里，男孩们也是一边倒地喜欢汽车和火车玩具。老师拿出来就要抢，只要开始玩就能一直玩下去。女孩们往往会瞥上一眼，说道"哼，这帮小屁孩！"虽然也有女孩会一起玩，但不会像男孩那么专注于此，也很少拓展出车的其他玩法。

男孩还很喜欢看各种图鉴。他们会一遍又一遍地反复看。与绘本故事不同，图鉴上通常只会注明物体的名称和特征等，对给孩子读书的人来说，读图鉴类书籍会更痛苦。

02 破解男孩行为之谜!

有时候,即便你告诉男孩绘本更有趣,他也完全听不进去,还是要看图鉴。最后实在没办法,给他看图鉴,你就会发现他两眼放光,看得很入迷。

"卡车轮胎有多大""云梯车放水的场景"往往越是这种看似无趣的描述性语言,男孩越是会缠着大人"再读一遍!"。这对大人来说堪称是一种折磨,但是男孩却不厌其烦:新干线检测车"黄博士"、"由布院之森"号列车[1]、轮式装载机、

---

[1] "由布院之森"号列车(特急ゆふいんの森)是连接福冈县博多和大分县由布院的JR特急列车,其复古的绿色车身、木质地板的内装,以及沿途经过的九州乡村美景,让它成为超热门九州观光列车之一。——编者注

油罐车、车载拖车、救援车、高空喷水车……无穷无尽的车。

男孩会径直冲向自己关注和感兴趣的事物，而且男孩对自己喜欢的东西会展现出非凡的专注度。似乎除此之外，其他事物都入不了他的法眼，他也丝毫不会关心。

某种程度来说男孩都是"极客（geek）"，只是每个人的口味有所不同。**他们对自己喜欢的、感兴趣的东西能表现出强大的专注力和毅力。**

男孩容易专注于自己的世界

男孩执着的特点也有好的一面,这会让他们非常专注于自己的世界。他们能记住与自己喜欢的事物相关的各种各样的语言和词汇,有时甚至能把图鉴上所有的内容都背下来。有很多男孩随便看到一张火车照片,就能说出是什么型号什么线路上的车。

然而,家长未必会赞赏这一行为。当家长指着绘本上可爱的插画说"啊,这里有一只兔子"的时候,儿子却在旁边一直拨弄机械部件。他们的兴趣既持久又单一,总是翻来覆去看一本书。

换句话说,**男孩都非常"倔"**。

比如他们只穿自己喜欢的衣服。即便妈妈准备了别的衣服,他也会特意把自己喜欢的那件衣服拿出来。如果那件衣服洗了还没有晾干,他宁愿穿着湿漉漉的衣服。

再比如，男孩会擅自决定家里的门必须由他来开关。家里有人要开门时，他会跃跃欲试地说："啊，让我来！"即便在赶时间，他也要完成这件事。如果其他人把门关上了，他会立即生气道："我要开门！我要开门！"

❚❚ 拓展男孩的兴趣，家长要善于引导

男孩是非常固执，非常执着的。他们有自己持之以恒的兴趣方向。家长无须改变孩子的兴趣，但可以给予其他方向的引导。

也就是说，我们首先要接受孩子喜欢的事物。比如火车、汽车、昆虫等。对他们喜欢的事物、感兴趣的事物，家长没必要否认。在此基础上，家长也可以把自己感兴趣或喜欢的事物展示给孩子，鼓励他参与其中。虽然他不一定会喜欢，但如果在参与过程中发现了有趣之处，获得了快乐，就有可能激发他与生俱来的专注力投入其中。

我儿子受他母亲的影响，从5岁左右开始学做手工。在小学加入了手工兴趣小组。他是全年级唯一一个加入手工兴趣小组的男生。做手工已成为他的爱好和特长。

家长应该在提高男孩专注力的同时，尽量努力拓展更加多样的兴趣爱好，并为之创造环境。

未张口先动手的男孩，未来会有暴力倾向吗？

▌男孩的行为并无深意

男孩常会有莫名其妙的行为。无论做任何事，都会做一些无用的举动。

比如对男孩说："把桌子上的杯子拿过来。"虽然只是一件小事，但在他拿到杯子之前，他会跳起来，甚至翻个跟头。或者学忍者的样子跑步，或者在地板上匍匐前进。他拿杯子的时候也不是利落地用手拿起，而是先盯着杯子看，突然就用嘴叼起杯子的边缘，或者闭着眼睛去摸杯子。他不仅要用这些奇怪的方式去拿，还要努力给身边的人展示自己的样子。

02 破解男孩行为之谜!

这时家长往往只能后悔莫及,"唉,早知道就不该让你去拿。"他为什么要这样做?我试着来分析一下男孩的行为。

听到家长的指令。
20%

("啊,你在对我说什么?要拿杯子吗?收到!")

发现杯子。
40%

("那个家伙就是这次的目标!虽然它一动不动,但我感觉到一股危险的气息!")

043

60% 接近杯子。

("可能会遭遇攻击。我得隐藏起来,而且要扰乱'敌人'的节奏,不然就很危险了。")

80% 拿到杯子。

("可能会爆炸!可能是敌人的陷阱!我要谨慎,而且要用别人无法模仿的方式拿到它。")

100% 任务完成。

"老板,我做到了!我顺利地完成了任务。请表扬我!快,使劲夸我!"

男孩的心理大概就是这样。由此可见,他基本上没有思考什么有实质意义的东西。男孩总是给人一种**身体敏捷、头脑简单、四肢发达的感觉**。

男孩是一种不擅于语言表达的生物。他们常常表现冲动和行动,而不是表达情感和思考。有时,面对自己不满意或者讨厌的事，他们不会用语言表达，而是会优先表现在行动上。

▌不擅长语言表达，直接采取行动

有的家长会说：

"我家孩子太粗鲁了，好烦。"
"他总是乱扔东西。"
"我儿子和朋友抢玩具的时候会咬别人，真的很无颜面对对方的父母。"

的确是让人头疼的行为。

其实，这些粗鲁的行为或者破坏性的行为，也是有意义的。家长觉得很为难，但对男孩来说其实是他的一种表达方式，虽然这种表达方式很难让成年人理解。

的确，在普遍认知里，男孩的很多举动都是错误的、缺乏合理性的。其实，这是因为男孩不善言辞，无法用语言完整地表达自己的心理。他们有自己的情绪和想法，对自己想要表达的事情和信息都很清晰。为了表达这些情绪和想法，他们只好充分运用自己最容易使用的"身体特性"，只是有时会产生暴力和破坏性的行为。

我之所以这么说，是因为他们绝对不会在心情愉悦的时候打人、砸东西。这些行为往往都是发生在现实情况与他的意愿相悖的情况下，比如他喜欢的东西被别人拿走了，或者在正玩得高兴时听到别人说"游戏结束喽"。

当然，大人可能会觉得这些小事不值得生气。但男孩不善于控制情绪，又不能很好地用语言表达自己的想法，于是只能用暴力和破坏的行为迅速表达自己的想法。

没错！男孩就是不太善于变通。

因此，尽量不要让他承受太多压力。而且，要让他学会这种方法（暴力、破坏）以外的表达方式。要反复地告诉他"你不需要打打闹闹！不高兴的时候可以说出来！"虽然让他改变需要时间，但这是避免男孩产生暴力行为的最佳方式。

充满幻想的男孩世界

誓与邪恶作斗争的男孩!

你的儿子有没有说过他长大后想做什么?

我家老三从小时候到现在读初一为止,对这个问题的回答经过了以下过程的演变。

"狗"→"蝾螈"→"甲虫"→"战队里的超级英雄"→"蒙面骑士"→"特工"→"巫师"→"忍者"→"武术家"

我以为他很快会意识到自己的理想无法实现,遗憾的是,他似乎很难意识到这一点。小的时候有这种想法让我们觉得他很可爱,但上了初中之后还这样,就不免让人感到失望和担心。

我儿子似乎对我们的态度并不太在意,依然每天都在努力训练。他会在院子里拿着两根棍子,与看不见的"敌人"搏斗。还会光着身子,与"敌人"肉搏。他为这个场景赋予了自己的角色设定和故事。比如"我今天输了。对手太强大了""我自己开发了新技能,一举获胜!"他在一个远离社会的地方独自战斗,即便没有收到任何指令,依然在急行军奋战,守护着世界的和平。真是得谢谢他了。

男孩就是想不停地"战斗"!男孩就是想拿起棍子,挥舞棍子,爬到高处!男孩就是想发光,要飞翔!男孩就是想成为正义的化身,男孩有无限的可能……这样满意了吗?

他们和家长简直就是生活在不同世界里。男孩就是模仿狂人,是"外星人",是语言不通的另一种生物。

你以为男孩的这些行为只是玩玩吗?请看看他全神贯注

的表情和眼神，这绝不是为了好玩而已，他是认真的。不，不只是认真，还是在履行他的使命。当他做出那些战斗行为，我儿子已经不是我儿子了。他是超级英雄，是真正来拯救世界的超级英雄。

亦幻亦真的男孩世界

孩子的一大特征就是混淆现实与虚幻世界。这无关对错，只是孩子会将两者混淆在一起，创造出另一个亦幻亦真的世界。

简而言之，孩子就是"梦想家"。

当我还是一名幼师时，我曾和三个五岁的男孩谈论过小龙虾的话题。

我："老师家里养了一只很大的小龙虾。"

A："我家也有小龙虾。有这么大！"（伸出手展示大小）

我："啊，有这么大！得有50厘米了，那是龙虾，不是小龙虾吧。"

B："我家里也有！比 A 家的还大。"（双手大大地张开展示大小）

我："天啊，那大约有一米长！像个怪物！"

C："在我家，我爸爸就是一只小龙虾！"

我："……"

我确实无言以对。孩子们的想象力真丰富，自己的爸爸都能变成小龙虾。

男孩们从来都是无意识地在两个世界之间游走，并且享受在其中的生活。因此，羽绒被可以突然变成妖怪世界，超市可以变成丛林，妈妈可以变成怪物和坏人。可以说，置身于充满想象的世界，男孩会感到无比快乐。

讨厌刷牙就让"牙刷战队"出动！

我经常听到有家长倾诉："我儿子经常说谎。还很容易露出马脚。"

我问："他会在什么时候说谎？"

家长答道:"我问他有没有刷牙,他说刷了,可他连牙刷都没弄湿。"

我认为这可以解释为男孩会把现实和幻想融为一体。他们并不是出于恶意要说谎,而是他们"以为自己刷过牙了"。严格意义上讲,他们确实是说谎了,但从心理上他们认为自己并没有说谎。所以家长大可不必小题大做,认为孩子是故意说谎而批评他。

无论真实情况如何,**想让男孩自己刷牙,家长恰恰可以充分利用他们爱幻想的特点**,比如这样说:

"啊!我在你嘴里发现了邪恶的病菌怪兽!快,牙刷战队的小红(儿子)出动!敌人很强大。一个人很难战胜它。刷牙机(牙膏)和小粉(妈妈)也一起出动!"

怎么样?这样的说法是不是更容易奏效?幼儿园里的老师其实也一直都是这么做的。

张口闭口都是玩笑！
我儿子为什么总是没正经？

▍男孩的大脑几乎完全被"玩"占据

"你能不能好好的！"你是否曾经这样批评过家里的男孩？幼儿园里的女老师们也经常说这句话。

这样批评男孩之后他有什么反应吗？行为有改观吗？并不会吧。他们反而会更加调皮，更加嬉皮笑脸。而你会觉得自己劳心费力地批评只是徒劳，会因此感到非常无力。

变本加厉淘气的男孩会让家长感到更加焦躁不安，家长会用更强烈的语气反复说："我要说多少遍你才能明白？能不能好好的！好好的！"但是他表面上立正站好，答应着"好的，我会好好的！"，脸上却还是嬉皮笑脸的表情。

他们的反应只会让家长更加焦躁。家长的批评完全不起作用，与男孩间的斗争常常显得毫无意义，既无法解决问题，也无法实现和平，最后只会演变成亲子间的消耗战。

那么，家长们所说的"好好的"，具体指什么呢？

> ▶ 认真回应家长的话，不要抱怨。
> ▶ 立刻按照家长说的话采取行动。
> ▶ 家长禁止做的事就不要做。
> ▶ 至少在被家长批评时要认真听话。
> ▶ 至少要理解家长难过和焦躁的情绪。

大概就是这些吧？在家长看来，做到这些可能并不难。但对男孩来说，这些都是非常难做到的。

男孩改变行为的能力非常弱。基本上，男孩一切行为都以玩为前提。曾经有一个"大脑活动分布"的游戏很受欢迎。只要输入自己的名字，就能看到大脑内部活动的分布情况。要是把男孩们的大脑信息输入进去，估计大脑内99%的空间都被"玩"占据，剩下的1%是"吃"或者"虫子"。

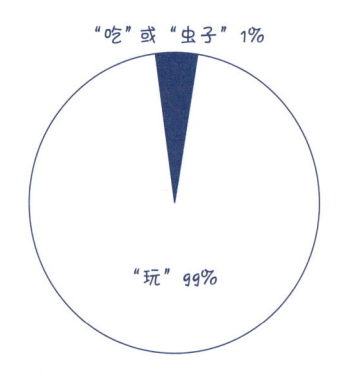

"吃"或"虫子" 1%

"玩" 99%

无论何时，男孩们都在寻找新的"玩"法，并不断地探索快乐的事物。他们的志向和价值观也更加关注"玩"。

男孩不擅长应对紧张局面。他们会故意开玩笑，扮小丑，试图打破紧张的气氛。你家的男孩是不是也在非常严肃的场合放屁或打嗝？而且，家长越严肃认真，他们就越容易笑着打哈哈。

这些都是男孩为了避免应对紧张局面而做出的抗拒表现。

而且，让人更气的是，如果他们的把戏让周围的人也笑了，男孩会更加得意忘形。这也是男孩的一个鲜明的性格特征。

▌用笑回应男孩，他们的行为会升级！

男孩单纯而天真。大家在日常的观察中想必也有所体会。他们既有非常大胆的一面，也有非常细腻的一面。

他们有时会虚张声势地说"我很厉害",有时也会大哭着说"妖怪好可怕"。你很难分辨哪种才是他们真实的性格。其实这两种都是男孩真实的样子,他们可以拥有极不相同的多重性格。

另外,他们很在意周围人是怎么看自己的。他们喜欢向周围的人过度地展示自己,并确认其反应。如果周围的人做出了积极的反应,用笑声回应,他们会非常兴奋,还会努力做出超越他人期待的事,不断升级行为。

家长可能会想"差不多可以了!做什么事都得有个分寸。"遗憾的是,男孩并不具备调节分寸的能力。这就好比大人在用燃气灶煮饭,而男孩却在用粗柴烧火煮饭。男孩不具备大人调整火候的能力。米饭刚开始在恰当的火候里煮得很好,但很快就会被煮得焦黑。这时家长肯定无数次在想"早知道就早点让他停下了!"

不同年龄段男孩的特征

最后，家长还需要了解不同年龄段男孩的特征。你家的男孩现在多大了？长大后会变成什么样？每个阶段的特征都让人喜忧参半。

0岁：可爱宝宝

这个时期，男孩和女孩之间没有明显的差别。表面上的区别仅仅体现在身体器官上的不同。不过，男孩体内还是会分泌雄性激素，在生理因素的影响下，男孩还是会按照男孩的方式长大。

听到别的妈妈说"养男孩太难了！"，新手妈妈们还会毫无根据地坚信"我儿子肯定没问题！他一定会是个温柔可爱的男孩！"。这段时期一切都还很美好。

1岁：渐渐展现男孩特有的行为

你有没有发现孩子的动作更加敏捷了？

当孩子快到周岁的时候，你就会在无意间察觉到这一点。这时你身边可能没有太多孩子，几乎没有参照对象，父母会认为这可能是孩子都有的发展特征，或者不太当回事。

然而，男孩一旦开始蹒跚学步，到了能够独立行走之后，就会一直不停地动！只要家长稍稍移开视线，就会发现他跑到了意想不到的地方或做出不可思议的举动。有可能卡在了衣柜的缝隙，动弹不得。或者试图从阳台或门厅逃跑。也可能在吃土。男孩们还会无一例外地舔鞋！这时，家长们或许才开始意识到问

题：难道这就是"男孩"？！没错，男孩世界的大门就此开启了！

2岁：恐龙终于诞生了！

到了这个年龄，你会发现自己家的男孩和邻居或朋友家的女孩并不相同。和家有女孩的家长聊天，你会发现话不投机，对方也总是对你的陈述表现出惊讶的神态。当对方说出"您家儿子真有个性"时，你就会发现男孩和女孩的发展路径截然不同！

妈妈们费尽心思选了可爱的衣服、漂亮的裤子，男孩们一样会弄得满是泥水和沙子。妈妈们幻想过杂志上的那种优雅美好的生活，大概会因为儿子的存在而幻灭。而且他们执拗又顽固，张口闭口只有"不要！"和"我自己来！"这两句话，让一切都无法按家长的预期计划进行。

你会想：我可爱的儿子怎么会变成这样！请不要失望。

就当儿子本来就不是普通人类。男孩其实是恐龙，而且是最强大的暴君"霸王龙"——一种脾气很暴躁的恐龙。

如果你提前做好类似的心理准备，应对男孩也会更顺利。"儿子完全不听大人的话，因为他是恐龙。""儿子一直发脾气，因为他是恐龙。"这样你就能想通了！

3～4岁：时刻处于战斗状态

这时站在你面前的就是一个彻头彻尾的男孩了。怎么看他们都和女孩不一样。具体有什么不同呢？行为方式是不同的。男孩们总会做一些奇怪的举动：他们要维护世界和平，给潮虫提供帮助，他们还成为"收集排列一切教"的信徒。

家长要是问"这有什么好玩的？"，就愚蠢了，因为在男孩看来，一切都很好玩。在他们的想象中，自己就是世界的中心。每个男孩都有自己喜欢的东西、想做的事情，以及自己想象中的世界。

绘本《野兽国》中讲述了这样一个故事：一个男孩与妈妈大闹一场，被关进了房间。他想象自己航行到了"野兽国"，在那里统领了野兽，快乐地生活。然而，他还是很想念家人，于是最后回到了妈妈身边。

绘本将这个年龄段的男孩的心境表现得淋漓尽致。故事中的小男孩因为讨厌妈妈批评自己，变成了野兽之王，从此随心所欲。然而，他还是会想家，会放弃一切回到妈妈身边。自己想做的事与想念妈妈的心情，让男孩摇摆不定，这就是男孩常有的内心世界。

5~6岁：伙伴在增加，依然在战斗

这个年龄段的男孩会非常看重友谊，会结交朋友和伙伴，产生强烈的社会意识。家长们也希望儿子能在这个时期迅速

成长。他们玩耍的范围在逐渐扩大,而内容似乎没有太大的变化。

男孩们依然在"战斗",总是想舞枪弄棒。他们看到地上掉落的东西一定要捡起来看看,兜里还经常会有垃圾和沙子。

另外,如果给他们玩具或者积木,他们就能变出枪和剑、盾或信号接收器,确实他们玩的每一个游戏和制作的东西都更有难度了,但他们的兴趣方向完全没有变化。

这个年龄段的男孩们很爱成群结伙,打扮成动画中的形象聚在一起,完全分不清谁是谁。男孩会很乐于结识新伙伴,也会形成固定的朋友圈,和朋友们不断重复经常玩的游戏。这些都是这个阶段男孩的社会性需求。

▎7～8岁:没想到能像模像样地去上学!

到了这个年龄,孩子终于成为小学生了。家长们很可能会担心,那么贪玩的孩子,能上好学吗?

从我目前与那么多孩子接触的经验来看，孩子在幼儿时期玩得越尽兴，上小学之后会越有活力，学习会更加投入。所以，家长不用过分担心。

男孩一直以来的玩耍方式都很难让家长理解。尽管家长常常满腹疑虑，满怀担忧，但最终逐渐学会了接纳他们。

9～12岁：最无厘头的时期

你的孩子变得稳重一些了吗？还是一年比一年变得更奇怪了呢？回顾我自己的成长经历和三个儿子的成长经历，我认为这段时期就是男孩最无厘头的时期。简直可以组成地表"最强无厘头男团"了。

但对男孩而言，这段时期的每一天都是非常快乐的，他们会在交友的过程中受到朋友的影响，不断完善自己。

孩子在此前积累的许多体验，仍然是在父母的庇护下获得的，受家庭的影响很大。在稳定、充满爱的亲情关系中，逐渐建立起自己的人格。从这个时期开始，在与家人建立的亲密关系基础上，孩子还将在学校和社区等环境中与家庭之外的老师、同学建立起密切的关系。

这时的孩子会和家长产生一些距离，有一些自己的小秘密。这完全是正常的。从这个阶段到青春期，孩子会逐渐去摸索、去塑造"自我"。

所以请允许他们有自己的秘密。家长可能会想掌握可爱儿子的一切信息，不想放手。但是，总有一天他会长大，不能独立反而会更麻烦。现在就是迈向独立的第一个阶段。

03 养育男孩，不靠批评

如何避免"突然动怒，事后后悔"

采用恰当的方式避免批评

我首先要问家长一个问题：**你为什么批评孩子呢？**

我经常听到这些回答：

"因为他做错事了啊。"

"因为他不听我的。"

"因为他总是犯同样的错误。"

"因为他这样做会受伤。"

"因为别人看着呢。"

各位家长应该都遇到过上述这些情况。或许家长们都认为如果孩子犯错的时候不当场批评，以后肯定会有更大的问题。

03 养育男孩，不靠批评

希望家长能再次思考批评的意义。批评孩子的时候基本上状况都比较糟糕。如果状况不糟糕，也不会想要批评孩子了。比如我们可以想象这样一个情境，孩子从裤兜里掏出一把沙子撒在地板上（真是不愿往下想……）。你可能会对孩子大喊道："你在干什么！快停下！这是在房间里，不是在外面！"你可能会快速跑过去，一只手抓住孩子的手腕，让他不能再动，另一只手按住他的屁股，把他强行带到门厅或阳台上。

用这种方式应对男孩的把戏当然没错。之后的清理工作肯定会很麻烦，这种情况下，肯定是要批评孩子的。如果放任不管，屋子里岂不是要变成沙地，家里又不是沙漠。这个时候，当你说出"停！"，背后暗含的是"不要那样做！"的信息。**"批评"传递的是父母对孩子提出的要求。**

不是批评本身不对或者不好，只是面对糟糕的情境，家长需要避免事态升级、受伤等问题发生，所以家长批评时的语气和动作需要显得更强硬一些。

▋目标是让孩子的"行为发生变化"

孩子怎么做，家长就不会批评孩子了？

一种是孩子停止错误行为，另一种是孩子的行为发生"变化"，即改正自己的行为（比如沙子要在室外拿出来，口袋里只放手绢）。

停止过去一直持续的行为也是一种"变化"。**关键在于，只要孩子的行为习惯有所改变，家长就不要再批评孩子了。**这点应该很容易做到。

想让孩子的行为发生变化，家长只有"批评"这一种方法吗？

当然不是。正如"表扬、安抚、批评、嘲笑"等许多词语所呈现的，与孩子沟通、表达想法的方式是多种多样的。只是家长长期和孩子一起生活，许多操作方法经常行不通，可能要花费大量的时间和精力，就无法尝试用丰富的方式与孩子交流了。

因此，家长往往会使用最容易上手、看起来也很有效的方式——"批评"。实际上批评常常收效甚微，甚至孩子完全听不进去。批评孩子的时候，家长常会情绪激动，忍不住扯着嗓子，还很影响自己的心情。如果可以的话，要尽量避免这样的情况出现，无论是对自己的精神健康，还是对孩子而言都是好的。

家长在选择用"批评"的方式处理问题之前，也要有意识地尝试使用其他方法。只要做到这一点，批评孩子的次数就会大大减少。

约定越多，批评越多

▍玩完后马上收拾，不在外面捡东西……

批评孩子时经常遇到这样一种现象，"家长总是重复同样的话，孩子就是不听"。

家长们口中经常重复的话有：

"以前说过这个事吧！"

"要让我说多少次你才能明白！"

"怎么还和昨天一个样？！"

一遍又一遍地重复同样的话，家长不累吗？而且，孩子压根没听进去。孩子重复的行为没有达到家长理想的水平，或者和预想的不一样，又会让家长更加恼怒。

03 养育男孩，不靠批评

有时我们会把自己理想的水平和对孩子的预期视为一种和孩子的"约定"，这些约定可能只是日常生活中的小事，比如：

"要在九点之前睡觉哟！"

"吃饭的时候不能看电视。"

"收拾好之后再玩下一个玩具。"

还有很多适用于对男孩的约定。比如：

"不要随便捡掉在地上的东西"

"不要把虫子放进口袋里"

"不要用衣服擦鼻涕"

"不要踩水坑"

"不要吃鼻屎"

"不要扯小鸡鸡"

"不要把内裤套在头上"

……

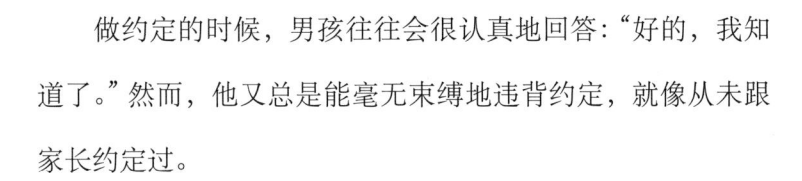

做约定的时候，男孩往往会很认真地回答："好的，我知道了。"然而，他又总是能毫无束缚地违背约定，就像从未跟家长约定过。

家长总是在认识到自己是白费口舌的同时，还抱有一丝期待，认为孩子"总有一天会明白"，然后又眼睁睁看着孩子违背约定，感到无比受伤。

▍男孩容易没有规则意识

我当幼师的时候，经常大声提醒在走廊上奔跑的男孩们："喂！不能跑！"他们会在那一瞬间赶忙停止奔跑，开始走路。然而，当我走到走廊尽头拐弯后，他们看不见我了，就又开始跑。因为在他们看来，"不要在走廊上跑"只是老师当时说出的命令，并不是和老师的一个约定。

他们停止奔跑不是因为"不能跑"是一个约定，只不过是从我的音量和语气中察觉到"大事不妙"，所以暂时停止了奔跑。此时他们脑海中其实只有一个念头，就是当下如何蒙混过关。

同样，**在日常生活中往往只是家长认为自己和孩子已经达成了约定，而孩子其实只是为了蒙混过关而暂且答应。**他们在答应的一瞬间就忘记了约定的内容。家长经常把"我明明刚跟你说过！"挂在嘴边，也恰恰印证了男孩已经在答应后的一瞬间将约定的内容抛至脑后了。

那到底应该怎么办？极端地说，就是不要再和男孩做约定了，让他们在约束少一点的世界里生活，因为即使约定了，男孩也很难遵守。用"无法无天"来形容男孩是非常贴切的，但真这样可能就要乱套了。所以要从男孩容易遵守、能做到的约定开始，循序渐进，而且要以孩子的意愿为主体。**绝对不要强加于男孩，给他们一些松散的约束即可。**比如：

"外出要穿鞋。"

"不要往长筒靴里灌水。"

从简单的约定开始，让孩子能轻松遵守

如果家长设定了太多太细的规则，孩子就会感到非常不自在，家长也会只关注这些约定和规则有没有被遵守。家长会被自己制定的规则束缚住，动弹不得，面对不听话的孩子

时会产生强烈的挫败感，会怒火中烧，控制不住情绪而大吼孩子从而形成恶性循环。

如果规定孩子晚上九点之前必须睡觉，洗完澡就要催促磨磨蹭蹭的孩子，哪怕孩子想听睡前故事，妈妈也会因为已经到了睡觉时间而拒绝。让孩子在九点之前睡觉当然是非常好的，但如果所有的约定和要求都变得"绝对化"，家长和孩子都会觉得很累。

约定和规则应该由制定者自由调整，有时甚至也可以给一些特例。 建议大家根据孩子的年龄和生活的变化，制定一些相对宽松的约定，让亲子双方都不要太累，这样也不会因为孩子总是频频违反约定而批评他。

用"健康成长就好"的心态养男孩

危险无处不在,健康成长就是奇迹

你的儿子活泼好动吗?性格和行为方式会很大大咧咧吗?当然所有孩子不能一概而论,不过大多数男孩都有一定的共性。这难免让家长感到担忧。

男孩会经常不明所以地摔跤,即便在平坦的路面上或者在自己家里,也总是会突然摔倒。这可能是因为他注意力不集中或是在发呆。身上难免会留下磕磕碰碰的痕迹。小时候还经常会哇哇大哭,稍微大一点,有点小磕小碰都不会哭了。甚至,有时候都意识不到自己受伤了。即使擦伤或割伤导致渗血或者流血,也完全不会在意,甚至分辨不出流鼻涕和流鼻血的感受差别。某种意义上来说,这样的男孩是幸福的。

他们随着年龄增长不再会为一些小伤而感到疼痛。

我大儿子上小学一年级时，遭遇过一次交通事故。他在家附近被一辆摩托车撞了。一位邻居告诉我之后，我慌忙赶到了事故现场，陪他坐上救护车，一同去了医院。他的右腿骨折了，脸上缝了几针，伤势严重。我在惊讶的同时，也很庆幸他没有受更严重的伤。

之后，我们在警察的陪同下看了现场。为什么我儿子会被摩托车撞到呢？好像当时是我儿子突然蹿到摩托车前面，虚晃了一下，又突然跑到路中间。当然这也只是我的猜测，从我大儿子的描述来看，他当时似乎是突然想到了棒球的偷垒练习，想就地演练一下。那可是马路，不是球场啊！听完，我甚至同情起开摩托车的人了。我大儿子对这起事故有着很大的责任，毕竟他自己都无法解释为什么要做出那样的行为。

男孩就是这样。在这一点上，我这个同为男性的爸爸也无法理解他的行为。我只能无奈地劝慰自己，接受男孩就是这样的天性。

家长可以选择对小事视而不见

诚然，受伤不是什么好事，有时甚至会造成严重的后果。**我们并不是要任由孩子受伤，而是对一些小磕小碰不要过度在意，对一些小的言行不当不再纠结。**

如果我还始终纠结于一些细枝末节的小事，反而会显得有些愚蠢。于是，我也不再担心了。我的想法逐渐转变为"没关系，能活蹦乱跳着回家就行。"

明确界定批评的标准

▍批评男孩的理由无穷无尽

家长在批评儿子的时候，会不会从一件小事开始，逐渐引申到各种各样的问题上，不断地找到新的理由批评他？

"为什么昨天我都说过了，你还做同样的事？你认真听我说话了吗？说你呢，好好看着妈妈！你为什么把身子扭过去了？现在让你听我说话呢！别抠鼻屎！别把手指放在耳朵里装聋作哑！我成天说你，不要把脚放在桌子上，你听明白了吗？你看，你的上衣穿反了，早上明明穿得好好的，你又在哪儿脱衣服了？那件衣服不是你的吧？你把谁的衣服穿家里来了？……"

说到这里，家长往往已经不知道最初为什么要批评孩子了。批评男孩的时候，你总会发现一个又一个应该批评他的事。而且，他还会自己不断提供让人批评他的理由。然后，家长就会不断围绕自己看到的问题展开批评，这也是很累人的。

我建议家长**要从一开始就确定好批评的范围，这个范围不要太宽泛**。比如在我们家，儿子值得被严重批评的问题主要有三个。

- ▶ 对自己或他人的生命造成或险些造成伤害
- ▶ 严重伤害或险些伤害他人的尊严或感情
- ▶ 针对以上两个问题重复批评三次后仍然不改正

基本上，我会以这三个主要问题为批评的评价标准。同时，我也会时不时地反复跟他们强调："在其他事情上我不会太生气，一旦出现这三个问题我会狠狠批评你们。"**家长明确设定批评的标准，就更容易理解彼此。**相反，对于标准以外的其他事情，就不用过多批评了。在生活中，有很多事情需要家长提醒或阻止孩子做，但不宜过多地批评。

▍批评的标准同时也是原谅的标准

各位家长确定好批评的标准了吗？

当然在批评的时候，每个孩子的情况、与家长的关系也不尽相同。具体在什么样的情境下才能批评孩子，没有一定之规。正因如此，批评和沟通的方式会随着情境的变化而发生变化。

我建议大家最好明确基本的批评与原谅的标准和范围。关键是要在育儿过程中，和孩子讲明"没超过这条线，我还可以原谅你，不会批评你，但超过这条线就不行了"。孩子在一定程度上理解家长的标准才不会踩到不必引爆的地雷。明确标准和规则之后，家长的批评就变得有理有据了。

此外，夫妻之间明确批评孩子的标准，也不会因为彼此的管教方式和教育理念上存在分歧而引发争执。

有的家长看到男孩，总觉得他是无止境地做"无用功和坏事"。事实绝非如此，男孩们也在用自己的方式努力。只是很多时候他们的努力没有很好地展现给周围的人而已。

终极的应对方式是学会一定程度上的"视而不见"

┃┃ 房间里传来给人不好预感的声音也不要理会

让我来告诉大家一个避免批评孩子的终极方法吧!

非常简单——那就是"视而不见"。

我们之所以会批评男孩,是因为看到了他们日常生活中的种种行为,或者能轻松预判他们的行为。家长尽量不要去积累那些"批评的素材",否则很难做到对他们的行为不予理会,因为家长都非常爱孩子,总想每时每刻看着他,确认他的情况。无论是好事还是坏事,通通都源于对儿子的爱。

比如隔壁房间传来"哐当哐当"的声音,好像有东西突然掉落,可能是玩具或绘本,或者其他东西被拖了出来。这种声音往往会给人不好的预感。接下来常出现的情节就是家长大声批评"你在干什么？！"。

然而，如果是我的话，我会选择不立刻去看发生了什么。其实我们听到声音的时候早就为时已晚了，这种情况在眼前发生时，我自然会生气并上前阻止，可是，**如果不是发生在眼前，就当作电视上发生的事情一样，和现实并无关联。**

而且，稍后再去看，情况可能也不会像想象中那么糟糕。当然，家长需要排除可能会导致孩子受伤的情况，或者如果

不紧急处理会变得非常糟糕的情况。说起来，我家孩子小时候会突然打开米袋，抓起一把米在屋里到处扔。这种事情确实没办法视而不见。

学会适当地睁一只眼闭一只眼

男孩是向往自由的。

他们往往会凭直觉行动，突然启动或停下，紧急改变方向或刹车，有时本以为他们会停下，结果又突然奔跑起来。男孩是一种无法预测其行为的生物。他们原本就不可能完全按照家长的意志行动。有时，他们自己在行动前也没有决定好要如何做。他们似乎总是随心所欲，随遇而安。

想掌握男孩的所有行动、理解男孩的所有行为，基本上是不可能的。既然如此，家长就只能重点抓住男孩生活和学习中的关键环节，只要不出现太大的问题或受伤，其他问题都尽量包容。时时监管，动辄问责的养育方式会让男孩感到非常拘束、压抑。

在我看来，**松弛感是男孩的一大优点**。为了让他们保持松弛感，家长有时睁一只眼闭一只眼，或者假装视而不见，也是有必要的。

是不是对孩子的要求太高了?

男孩不可能"分门别类地收拾干净"!

你的儿子会帮你收拾家务吗?或者他会收拾自己脱下的衣服吗?

似乎男孩从一开始就从未把"收拾"这个词放在心上。他甚至有可能会问:"收拾是什么意思?""好吃吗?我在哪里能抓到它?"

衣服随处乱扔,换衣服也是脱下来扔在原地,就像蝉蜕皮一样,裤子和衣服都是他蜕下来的空壳。洗衣服的时候你会发现衣服总是里外反的,袜子和裤子也是一样!真想一开始就把它们反着放进衣柜里。

看着那些乱七八糟的玩具、书包、衣服和袜子,家长总是难免生气:"为什么这么乱!为什么不收拾一下!我说过多少次了!"亲子之间的战火从未熄灭。你会不会觉得自己每天都在重复同样的话,感觉很累?

我建议家长可以**"改变最终的目标"**。

假设孩子玩玩具,把家里弄得一团糟。

> 妈妈一开始会温柔地说:"马上要吃饭了,你收拾一下吧。"
> 孩子会好好地回答说:"好的。"

过一会儿再看,他肯定完全没有收拾。

> 妈妈这时会用略带严肃的语气说:"你不是答应我要收拾了吗?快点收拾好。"

孩子还是会继续好好地回答:"好的。"

不过,他只是回应了家长的话,完全没有要收拾的意思。

等饭做好了,你再去看他时,他还是和刚开始一样,甚至会摆出更多的玩具。

这时妈妈肯定会大发雷霆:"你根本就没有收拾!光答应有什么用!"

灵活地设定目标

到此为止,一切还算在意料之中。家长不断重复,男孩我行我素。

家长要帮忙一起收拾。问题是这种情况下要怎么收拾。游戏道具要放在游戏区，积木和玩具要放在盒子里，而且要排列整齐，书和漫画要在书架上按种类排列整齐，杂乱的垃圾要放进垃圾桶，而且要按照垃圾分类的要求，将塑料、纸、其他垃圾分门别类地放好。

能这样整理当然是最理想的。但是孩子的年龄和性格不尽相同，整理的方法和水平也会有所不同。我希望大家能以更加灵活的方式处理问题。比如在幼儿园的幼儿班，老师会在"过家家"的餐具架上贴一张照片，展示整理后的状态。孩子们可以通过对照照片，学习把勺子、杯子、盘子放到各自对应的位置。不过这种要求并不适用托班年龄的孩子。托班的老师会准备一个大的箱子用于整理，孩子们可以把任何东西都放进去，以此先培养他们整理的习惯。**家长在养育男孩时也可以效仿幼儿园老师的做法，根据孩子的年龄，设定相应的目标。**

大家是否会发现，家长对于收纳整理的认识和孩子之间存在很大的差距？差距越大，家长就越想要通过批评孩子来督促他弥补差距。

这里只是以收纳整理为例，我认为在其他方面也是一样的。无论是在如何吃饭、如何学习上，还是在如何看电视、如何玩游戏上，生活中需要做的事和必须做的事，都要给孩子设定一个小目标。

关键在于，**思考和确认家长和孩子是否就设定的目标达成了一致，或者目标的方向是否一致。**

有时，家长设定的目标在孩子看来是非常遥远或根本无法实现的。这种情况下，孩子就很难实现家长设定的目标。而看到孩子中途放弃，家长又很容易情绪激动。这对彼此而言都是一种折磨。

因此，我希望各位家长首先思考自己设定的目标是否恰当，并向孩子解释清楚。如果能与孩子合作实现目标，你就不需要再批评孩子了，自己的心情也会更舒畅。

将今天定为"不批评"日

▌习惯性的批评没有意义

家长在批评男孩之前会不会先运口气，做好心理准备再批评孩子呢？我想大家并不会这样。孩子越是干出了无法无天的事，大人反而更应该冷静，放低音量，营造出一种独特的氛围。

"过来，坐好。我有话跟你说。"

男孩平时是一种反应迟钝的生物，经常意识不到周遭发生了什么，但对恐惧却出奇地敏感。当家长冷静地找他谈话，他心里应该在想："啊，完蛋了！"他的头脑会在瞬间高速运转，思考接下来会发生什么。

> "啊，什么？妈妈好生气啊。难道是发现我藏起来的考试卷子了吗？还是因为我打碎了杯子？我明明已经偷偷收拾好了啊……还是因为妈妈发现我把妹妹的娃娃的头发剪了？到底是为什么生气啊？好害怕……"

在这种情况下，家长要做的是让孩子停止胡思乱想，明确指出问题，有理、有据、有针对性地批评他。然而，很多时候，家长在批评孩子时都只是下意识地说：

> "你在干什么！""不行！""停下！"

家长要注意到自己做出的这种无意识的反应，尽量停止这些无意识的批评行为。

有的家长会说：

"这样我儿子就会得寸进尺,越来越不听话。"

"批评了很多次他都没有改变,停止批评会让事情变得更糟。"

"除了批评,我不知道要如何应对这种情况。"

如果情况到了这个地步,从某种意义上讲,孩子也真是"厉害",竟把妈妈"锻炼"到这种程度。

批评成为亲子之间的常态,将家长对孩子的诉求与期望完全淹没,亲子间的互动演变成只有批评与被批评,然后进入无休止的循环往复。这时,批评其实已经形同虚设了。**如果批评没有意义,也没有效果,那就干脆放弃吧。**家长要学会先说服自己,停止批评。

▍学会适当放弃

要停止批评,家长不需要特别对孩子做出承诺,只需要自己在内心做出决定。

孩子当然不知道家长已经下定决心不再批评他了，所以他仍然会像往常一样做那些让人忍不住想批评他的事，随心所欲地生活。

> 脱完鞋乱扔。
>
> 没有节制地玩游戏。
>
> 穿衣服不拉拉链。
>
> 把石头踢得到处都是。
>
> 追着麻雀跑。
>
> 把橡皮放进鼻孔里。

平时家长看到这些肯定会忍不住要批评。如果这时候家长突然忍住，会发生什么呢？

如果家长下定决心不批评孩子，就会看到完全不同于以往的场景：以前看到不满意的事，会直接条件反射地大声批评；如果不再批评孩子，就会慢慢意识不到那些自己不满意的事。感知下降，"阈值"也就变低了。想批评孩子的感觉会变得迟钝。以往觉得有的问题，自己无论如何也无法原谅，**现在也逐渐能够容忍一些了。**

逐渐你就会放弃批评孩子。请注意观察，不批评孩子时，他的神态、表情、行动有哪些变化。他一定会想，"啊？为什么妈妈和以前不一样了？"

男孩就是男孩，这种情况下，他会根据之前的生活经验和自己与家长的关系，意识到自己"可能马上就会被批评"，在身体和心理上都做好迎接批评的准备了。当"事与愿违"时，男孩就会发生改变，也会采取与以往不同的态度。这将是男孩发生改变的第一步。

尝试其他方式

家长决定不批评，却又遇到需要批评孩子的情境，就要想想有没有其他应对方式。毕竟什么都不做是很难的。

那到底要做什么？这种时候，要思考并观察对方的处境及其行为的意义。简单地说就是思考：

"他为什么要这么做？"

"怎样才能让他停止这样做？"

"孩子在想什么？"

"他没有别的选择了吗？"

这对家长而言是一个巨大的变化。这时家长看孩子的眼神和之前稍有不对劲就冲动地批评孩子的时候完全不一样。

突然完全不批评孩子是很难的，所以可以从尝试"今天一天不批评孩子"开始。只要做到这一点，原本一成不变的或者形同虚设的相处方式和教养方式就会发生一些变化。

家里陷入一片混乱，不如暂时离开

外出时不要担心房间脏乱

和儿子在一起时，妈妈们不知不觉就会唠叨……有时也会对自己的这种行为感到厌烦。这时不如下定决心和孩子保持距离。

比如让爸爸在家里，妈妈外出购物、吃饭、去美容院……可以做任何事，关键是要调整心情。**要让妈妈也有休息日。**有孩子、有家务，"妈妈"就成了一天都不能休息的职业。这种长时间工作无疑是违法的，连加班费都没有！妈妈已经很努力了！

但是，妈妈们却很少让爸爸们留在家里，自己出门。问及原因时，妈妈们会说："我回家后要面对的可能是更棘手的局面，很难下定决心出门。"

妈妈们如果担心这个问题，就永远出不去了。如果哪一天妈妈生病或者有急事，就会更麻烦。所以，要有意让爸爸多担当一点，创造一些爸爸和孩子独处的时间。妈妈可以循序渐进地分三个阶段看待**"爸爸照顾家"**这件事。

爸爸照顾家	
①孩子"活着就好"的阶段	这个阶段是最基础的。爸爸是育儿、家务的初学者。最开始只要达到最低限度，保证生命安全即可，不要有太高的要求，只要孩子在这段时间里能保持健康就可以了。不管房间里是乱七八糟，点心、果汁散落一地，还是回家后发现孩子在全神贯注地看DVD、玩游戏，只要孩子能平安无事就好。
②把孩子照顾好的阶段	这个阶段是指孩子能度过愉快的时光。能吃到美味可口的食物，能和爸爸一起开心地玩耍，一起读绘本、逛公园等。
③把家庭照顾好的阶段	到了这个阶段，妈妈回家能看到房间打扫好了，衣服叠好了，晚饭做好了。当然，关键是能在一定程度上照顾好孩子。

妈妈们总是从一开始就希望爸爸们能达到第三个阶段的水平，或者按照自己平时做事的标准衡量爸爸。我建议妈妈们放弃这种想法，要学会像培养儿子一样培养爸爸们。

04 这样批评,男孩才会听!

男孩眼中只有"现在"

发现问题当场批评

家长和男孩一起生活时,会不会感觉到有时间差?仿佛他们对时间的感知是混乱的。是的,而且还非常乱。

首先,男孩的"秒针"前进方式没有规则,时快时慢,会让人感觉很奇怪。还记得上小学时用过的算术工具吗?后面有旋钮,可以自由改变时间,这种表就是男孩的标配。

如果是男孩自己不喜欢的事或者无趣的事,他的"表"就会飞速前进。他们会吵着说"快回去吧""还没结束吗""快点",一秒也忍受不了。相反,遇到他自己喜欢的事、想做的事、想看的东西,他的"表"会走得很慢,甚至会停下来。最常见的表现就是男孩总是在看电视,或者沉迷于打电子游戏。

当家长说:"好了,停下吧。该刷牙了!",他就会回答:"啊,再玩一会儿!"这个"一会儿"可太长了,常常让人觉得时间好像静止了。

本来孩子的时间观念就和大人不同,甚至他们心中并不存在时间观念。**孩子很难理解"过去、现在、未来"这些时间概念**。在男孩身上,这一点表现得尤其明显。

▍拿"前科"说事行不通

家长们经常说"我昨天刚说过你吧",但男孩每次都会表现出一副"什么,我第一次听说"的神情。这不是因为男孩都是榆木脑袋,而是"过去"对他们而言是不存在的。不止"过去"对男孩来说不存在,"未来"也不存在,他们眼中只有"现在"。

> "我是不是经常说你来着?"
>
> "要说多少次你才能明白?"
>
> "老毛病永远不改!"

像这样,在批评男孩的时候拿过去的事情说事,是完全不会有效果的。

出于同样的原因,

> "下次再犯就……"
>
> "下次绝对不会原谅你。"
>
> "现在还学不会以后就要麻烦了。"
>
> "上小学之后就必须自己做了。"
>
> "明天你要怎么办?"

这样的说辞也是无效的,男孩根本听不进去,因为在他们眼中不存在"明天"。所以批评男孩就要当场批评。如果家长当时太忙,搁置了问题,事后再批评他,效果就会大大减弱。男孩心里还会想:"已经过去那么久了,再批评我有什么用……"

当出现一些问题不得不批评孩子时,家长一定要把握住当下的那个瞬间。这并不是说要冲动地批评孩子,而是要把握好时机,充分发挥时机的作用。

批评男孩时只有"抓现行"才有效。要时刻做好出手的准备!

这样说，男孩才会听

▌不加修饰，有话直说

接下来，让我们一起思考一下实际批评孩子的场景。你希望通过批评孩子表达什么呢？我能理解家长都期待孩子发生改变。为了实现这种改变，家长会向男孩传达什么信息？又会以什么样的方式来传达呢？

如果家长没有传达出某种为对方着想的信息，批评本身就失去了意义，变成了单纯发泄情绪的"生气"。因此，首先要注意传递信息的问题。

这时需要注意的两点是"表达方式简明扼要"和"用男孩能听懂的话沟通"。

首先是"表达方式简明扼要"。批评是沟通方式的一种。家长一定要善于选择恰当的沟通方式，向孩子传递有效信息。

04 这样批评，男孩才会听！

家长要传递的信息一定是下列中的某一个。

- "注意"
- "督促"
- "避免"
- "改变"
- "抑制"
- "限制"
- "禁止"
- "控制情绪"

如果家长在批评中包含了各种各样的信息，孩子听起来就会陷入困惑，不知道该如何应对，也无法区分自己应该先改正哪一点。

"你在干什么！马上停下来，做下一件事！"

"你的衣服脏了！"

"你再不早点准备、收拾好，明天就麻烦了！"

"你做作业了吗？练钢琴了吗？你喂狗了吗？"

"都是要当哥哥的人了，该懂点事了吧！"

可能你经常会这样批评孩子。很多事情一下子呈现在家长面前，想到接下来要发生的事情，就忍不住说孩子。我能理解大家的感受。

但这种情况下男孩是怎么想的呢？他们能一次性接收到这些信息吗？不可能吧。或许能给他留下深刻印象的只有某一件事。他也只是知道有这件事要做，具体如何操作，会面临什么问题，仍然是一头雾水。

因此，家长们一定要在批评时简要表达想要传递的信息。

"现在先停下你手里的事！准备明天要用的东西！"

这样说就刚刚好，如果孩子能照做，就可以给予表扬，然后再给他安排下一件要做的事。

用男孩听得懂的话说

另一件重要的事是"用男孩能听懂的话沟通"。

你知道你儿子能听懂什么语言吗？你肯定以为是母语吧？不是的，是"男孩语"。

上文提到成年人和孩子对时间感知上的差异，大家在生活中是否感受到和孩子的其他差异？比如对量和度的感觉。

"只要吃一点就好，吃吧。"妈妈想让儿子吃他不喜欢的胡萝卜时，往往是这样说的。孩子或许出于害怕家长生气而不情愿地吃了。这种时候，他会用筷子和勺子取多少食物呢？只夹一点点，或者舀一小口。这必定会大大低于家长的期望值。他会张开大嘴，得意地说："我吃了！"而家长自然不会满意。

这种情况暴露出的偏差是什么？是家长和孩子对"一点"

这个词的认知差异。也就是说，虽然你们说的是同一种语言，但你们对语言背后的意义和价值的理解却有很大的不同。首先要理解和孩子对同一事物的认知差异，使用他能理解的内容和语言与他沟通。这种情况下，多少需要家长有一点"翻译"能力。为此，平时就需要经常和孩子聊天，在表达方式和语言内容上与之磨合。

要考虑到男孩的理解能力、兴趣和他关注的方向，还要加入易懂的比喻和事例等，说到底就是要把他视为沟通对象，配合他的需求。批评孩子绝对不是一件简单粗暴的事。

批评时的姿态很重要

有意识地"唱白脸"

你觉得男孩被家长批评时,他的目光会放在哪里呢?

他首先会看家长的脸,无论批评多么严厉,言辞多么激烈。有时他会目不转睛地盯着家长看,有时会哭起来,但基本可以看出他一直在注意家长的脸,也就是大人的表情。

孩子的语言理解能力还不发达,虽然能理解语言的表面意思,但是还无法充分理解其中的细微之处。孩子基本是通过说话人的表情理解他人的。也就是说,他首先确认的是家长的表情,然后才会把注意力转移到家长的语言上。所以,批评孩子时,家长首先要注意调整自己的表情。

比如如果你正打算批评儿子,他却偏偏要开玩笑或完全不当回事，或许他是因为过于紧张才会做出这样的举动，但如果家长在批评时不够严肃，在表情上就会有所松懈或者露出破绽。男孩是绝对不会错过这些漏洞的。所以，批评男孩的时候一定要做好表情管理。

"唱白脸"的关键在于眼睛和嘴巴。人在笑的时候会"嘴角上扬，眼角下垂"。批评孩子的时候你就可以反其道行之，试试"嘴角下垂，眼角上扬"的表情。

很多家长不擅长批评孩子，主要就是不擅长"唱白脸"。当然，没有必要总是"唱白脸"，一味地批评孩子。**只是在批评的时候，要更有意识、更有效地批评，从而更好地培养男孩。**

关掉电视，面对面沟通

家长在批评孩子时，还要有意识地调整声音。

男孩对自己喜欢的声音很敏感，但当他听到自己不感兴趣的、讨厌的事情又会突然变得很迟钝，甚至可以充耳不闻。

因此，**建立一个让男孩能认真听话的环境很重要**。

首先，你需要阻隔周围的声音，创造一个可以谈话的氛围。关掉电视，与其他家人隔开，与孩子面对面地沟通。其次，要有意识地改变说话的方式。如果能让他觉得"嗯？好像妈妈今天和平时不一样"，你就赢了第一步。

因此，家长需要让男孩熟悉自己平时的说话方式、语调、措辞习惯等。在批评他的时候，要刻意使用和平时不同的说话方式。可以尝试降低音调，平静地慢慢说，也可以在句子和句子之间稍作停顿……细微的改变就能让表达发生变化。

有时也要充分利用夸张一点的情感表达。要让孩子认识到，家长也有丰富的感情和想法。比如想哭就哭吧，家长也可以在感到疲惫的时候流露情绪。

不过，请不要无限制地发泄情绪，因为孩子还不能承受过度的情感宣泄。家长需要尽量控制自己的行为，换之以丰富的语言来传达你情绪。

你肯定能做到！

奖罚分明的有效方法

▌即时的奖励更有效

批评孩子时大人往往会犹豫能不能用奖励来"诱惑",也就是通过提条件,制止或控制孩子的行为。比如说:"你如果能做到,就给你(买)"。我经常听家长说,自己想制止孩子的某些行为,但又没有其他方法,只能出此下策。于是,就经常会出现这样的情景:

"好好收拾一下!做得好就奖励你零食吃。"

"在医院要保持安静!你能安静的话,一会儿就给你买玩具。"

"别再哭了!你不哭我就抱你。"

这种做法看上去既简单又立竿见影。一时间不禁要让人感慨，孩子还是很好哄、很单纯的。其实，这种方法算不上好方法。

因为这样的话，孩子"收拾东西""保持安静""停止哭泣"，不是听家长的话而做的，不是为了自己的将来，也不是为了成为好孩子而做的。他这么做只是为了满足自己获得奖励的欲望而做的，甚至完全可以说是为了得到物质奖励而做的，而在乎物质奖励也是男孩的一个特征。

这样的奖励战术很难持续下去，因为家长必须不断给予奖励，而且奖励还要不断升级。起初可能一瓶汽水就能驱动，之后慢慢升级为游戏卡，再升级为昂贵的玩具，他的要求会不断提高。长此以往，就成为了恶性循环。

家长这么做就是选择了错误的奖励方式。奖励的方式主要有两种。一种是**提供物质和机会等外部激励**，比如糖果、玩具、出去玩或陪玩，这些属于驱动孩子的外部动机。还有一种是**内部动机，就是让孩子自己通过这件事收获喜悦**，比如孩子会感受到"我最喜欢的妈妈会感到高兴""大家都能心情舒畅"等。

激发外部动机要有恰当的方式,如果没有物质诱惑的驱使,孩子可能很快就会失去动力。因此,**不能依赖外部动机,而是要给予男孩内在精神上的激励**。让他发现这样做"能得到赞赏表扬""看到别人高兴我也很开心"。

各位家长要充分发挥内在动机的作用,培养能因内心获得幸福感、愉悦感而努力的男孩。要做到这点的关键是要以情感交流为基础,建立和谐的亲子关系将有助于孩子的心灵成长。

男孩不在乎惩罚

有一种与激励相反的思考方式,是通过惩罚进行批评。惩罚是指为了改变对方的行为,提出并实施对方不喜欢的行为，从而防止其今后再做同样的事。

你是不是也曾经采取过许多惩罚措施？比如

"你再这样就不让你看电视了！"

"不听话就不给你零食了"

那么，这些惩罚有效果吗？孩子之后就再也没有犯过同样的错误吗？

对于这个问题，我想很少有家长能回答"没有"。男孩不会吸取教训。他们会反复做同样的事。这也是男孩的一大特征。

惩罚几乎是不起作用的。它总是伴随着负面的感受和情绪。而这种感受也同样存在于实施惩罚的家长心里。在严厉地批评和惩罚孩子后，家长常常会感到疲惫，心中产生莫名的负罪感，进而为自己的行为感到后悔。

因此，我建议还是**不要对孩子实施惩罚**，而是在孩子能接受的范围内进行谈话和沟通，相互理解，观察接下来孩子的行为能否发生变化。

如果只是一味地惩罚，不与孩子进行深度的沟通，孩子的行为恐怕不会发生任何改变。恰当的处理方法是在不同的情境用不同的方式进行批评。

批评不要拖沓

▋提前准备好批评的内容

"早知道就不说那么多了。"

"批评过头,把孩子训哭了。"

在批评孩子之后,家长往往会陷入自我厌恶的情绪。

一心想着让孩子"马上改变",看到男孩即使受到批评也依然不知悔改、坚持错误的做法,就不禁感到烦躁。孩子的倔强态度又让家长产生批评他的冲动,从而把自己下决心不再批评的事抛在脑后,重蹈覆辙。

"你明白了吗?说话呀!你笑什么?你知道我在批评你吗?以

04 这样批评，男孩才会听！

前也为这件事批评过你！仔细回想一下！你已经忘了？又笑！你以为有人在夸你吗？上那边待着去！"

如此一来，家长很容易进入"批评"到"愤怒"再到"情绪爆发"的模式，陷入无休止的亲子争斗。

尤其到了最后的情绪爆发阶段，家长的批评就会演变成彻头彻尾的语言攻击。这么做只会伤害孩子，而不会帮助他向好的方向改变。请不要把你的孩子逼到绝境，不断打击他。**批评孩子的结局应该是"原谅"。**

批评男孩的时候语言应当尽量简短。连环炮似的批评孩子会打开愤怒的开关，让家长身陷其中无法自拔。家长应明确批评的要点，批评的时候不要拖泥带水。**为了避免因为反复、拖沓而陷入情绪的恶循环，家长最好从一开始就明确批评的内容甚至是具体的话术，一口气说完就马上结束。**

批评的时候也要注意让自己情绪平稳。

批评的负面吸引力会裹挟家长

批评有时确实会有立竿见影的效果。孩子不喜欢被批评，就会在当下立即停止错误行动，表现出很听话的样子。可事实并非如此简单，这只是他们暂时性的表现。

家长通常都能看穿这种伎俩，但批评的效力会逐渐消失，那就需要更胜一筹的技能（更强烈的批评方式）。我们可以采用批评的方式解决问题，但不要被批评的负面吸引力裹挟。孩子被批评后，短时间内变得听话了，像个好孩子了，这很值得高兴，但也要认识到这只是暂时的。

大人在批评孩子时要有清醒的认识，还要有行动上的自觉，要能做到"说停止批评就能随时停止"。 另外，还要积极探索其他与孩子沟通的方式，能做到"虽然这次批评了孩子，但也会用别的方式与孩子沟通"。

请保护好男孩的自尊心

不要用贬低、嘲讽、与他人做比较的方式伤害男孩

我们来思考一下,在批评男孩时要避免采取哪些方式。

一个会对男孩的心灵造成严重伤害的因素,就是他所珍惜的东西被破坏了。具体一点说,是指他心中很有自信能做好或者自己很看重的事情被忽略或忽视,或者自己被指责或否定。

男孩有自己的生长方式,并且他们以此为傲。因此,家长批评男孩的时候切勿贬低他的自尊心。

"男孩怎么能哭哭啼啼的。"

"男孩就得有男孩的样子!"

"你一点也不像个哥哥！"

"你都是小学生了，怎么还……"

"你还不如弟弟呢！"

"明明别人都能做得很好，为什么只有你不行？！"

这些充满嘲讽、贬低意味，刻意拿孩子与他人做比较而强调"别人行，你不行"的表达方式，都会伤害男孩的自尊心。这些都是家长在批评孩子时会不经意说出的十分伤人的话。

"你其实不是那样的孩子……"

"你再多努力一点就能做到。"

在我看来，这些说法也是极端的拿孩子与人比较的表达方式。这样说并没有更尊重孩子。男孩是自尊心非常强的生物，社会和家庭都对男孩抱有很高的期待。男孩自己也希望不辜负这种期待。

不要忽视男孩的这种自尊心，相反，要在养育男孩的过程中充分保护并运用好他的自尊心。

男孩眼中的宝贝往往是家长眼中的破烂

男孩珍惜的东西，或者他相信的、看重的事物往往让人很难理解。空盒子在家长看来只是垃圾，但男孩却可以把它做成变身腰带。如果家长要扔掉它，一定会遭到孩子的强烈反抗，因为这在他看来是宝贝。

当你看到他非常珍惜像是一封信的东西，但上面写的字又像蚯蚓爬过，不知道写的是什么语言，你是否会感到不悦？桌子最下面的抽屉里藏着螺丝、钉子、电器零件，真的无法理解他们的喜好标准和判断事物优劣的逻辑。

我曾经采访过身边的十个男孩，总结出了"男孩最看重的十个事物"。受访者囊括了从幼儿园到正在上初中的男孩，可谓是每个年龄段的男孩都涵盖在内了。

很遗憾,在他们列出的清单中,爸爸、妈妈没有进入前十名。

- 自己
- 玩具和飞刀
- 漫画或游戏
- 捡到的螺丝
- 对我温柔的人
- 小汽车、公共汽车、各式机械
- 电视或零食
- 大便、屁股、脏的东西
- 甲虫
- 肉或其他食物

04 这样批评，男孩才会听！

说起来，他们喜欢的东西也很容易理解。全部都是身边的东西，都是他们日常生活中常接触得到的东西。从这个角度看，男孩的世界是非常单纯的，他们更关注"此时此地"。**家长要重视他身边的生活和关系。**只要满足"此时此地"的事物，男孩就会很容易喜欢。

家长获得三胜七负足矣

▋男孩做出令人担忧的行为并不一定出于恶意

本章一直在探讨什么样的批评方式能对男孩起作用。批评的功效不过尔尔,但还是要批评。批评只是众多沟通方式中的一种,要让批评起作用绝非易事。

为什么这么难呢?家长们为什么不擅长批评呢?还是因为进展不顺利吧。

我经常听到很多妈妈说这样的话。

"无论我说多少次,他还是会重复犯同样的错误。"

"如果不立即阻止他,场面会变得无法控制。"

"无论我说什么,他都听不进去,实在让人束手无策。"

04 这样批评，男孩才会听！

现在仍然有人通过多种途径向我咨询此类问题。这种情况下，我更希望家长们能下定决心，尽量停止批评孩子，尽管现实中确实很难做到。我建议家长可以尝试改变对批评的认识。心理学中有一种叫作**重构**的方法，是将现象本身的意义转化为其他东西，并赋予新的结构。

比如在思考男孩为什么要做那些会遭到批评的事情时，你会不会有这些想法，

"他是为了折磨我吗？"

"他开玩笑没有分寸。"

"他做事不过脑子。"

现在可以转变思路，尝试用另一种方式来看待。

"他这样'折磨'我，是希望我能更关注他。"

"他开玩笑没有分寸，可能是过于兴奋，才有这种出格的表现。"

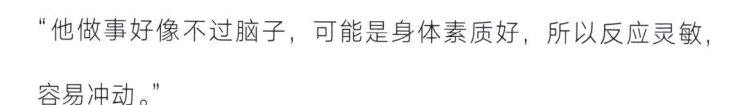

"他做事好像不过脑子,可能是身体素质好,所以反应灵敏,容易冲动。"

家长对男孩的看法和想法会表现在他们日常的目光交流中。眼神变化会促使思想变化,思想的变化就意味着关系发生了变化。家长改变亲子关系,孩子的行为也会随之发生变化。

▮▮ 做个"差不多"的家长,有助于男孩成长

家长们往往会通过批评表达希望男孩改变的意愿。我们希望对方有所改变,然而能否发生改变的关键在于对方。这种改变不是必然会发生的。

如果等待太久也没看到孩子主动的改变,又自怨自艾,感觉自己遭到了"背叛",那么有一个更简单的方法——那就是<u>改变自己</u>。在等孩子发生变化之前,自己先在很多方面做

出改变，再利用这些变化影响他。

你眼中的"好家长"是什么样的？温柔的家长？为孩子倾注全部爱意的家长？还是对孩子严厉的家长？

著名的精神分析大师、儿科医生温尼科特医生曾给出一个"好妈妈"的定义，意思是做"足够好的妈妈"（good enough mother）即可。给孩子的关注不能太少，但也不要太多，为孩子提供恰到好处的条件和关注，就算是好妈妈。

"足够好的妈妈"包含两层意思。一个是"恰到好处"的意思。另一个意思是"差不多即可"。在培养男孩的过程中，这种"差不多即可"的想法非常重要也非常必要。

家长想把男孩好好地抚养长大，但男孩并不想"好好长大"。他们更向往自由的、冒险的生活。而多数时候，他们并不会做太过分的事，家长无须过于担心。

每个男孩都具备自我成长的能力。然而，包括妈妈在内，成年人和社会都不相信他们具备这种能力，也没有耐心等待他们自我成长。所以，周围的成年人会代替他做各种各样的事情，他们没有机会和空间发挥自己的力量和潜能。请多一点耐心，等待他们释放自己真正的力量。

男孩似乎很享受被批评的感觉，家长则很讨厌那种场面。这种情况下，请选择用"差不多即可"的态度对待孩子。如果以前要批评孩子十次，可以尝试减少一半左右，控制在六次，在这六次批评中，能有一半，也就是三次孩子能听话就很不错了。**也就是说十次与男孩的"思想战"，家长如果能达到三胜七负，就是胜利。**

即使是职业棒球选手，能击中三成也算是相当强的击球手了。不要把全胜当作你养育男孩的最终目标，而是要在培养孩子的过程中充分包容，接受只有三成的话能说动男孩。这也算是培养男孩的一个秘诀。

05 这样表扬，男孩会进步神速

男孩容易得意忘形，一定要多表扬

表扬很难吗？

请大家和我一起玩个游戏吧。准备好纸和笔，从现在开始，试试你能在一分钟内写出几句"表扬的话"吧！好，开始！

怎么样？你写出了几句？

这是我在育儿讲座，以及幼师、教师培训上经常做的一个互动。真正尝试之后，大家都表示"很难""没想到写不出来"，甚至有人会问"什么才算是表扬的话？"通常一堂讲座里每个人大概平均只能写出五六个词或句子，当然还有人写得更少。到目前为止，我见过写出最多的是一名幼师，写出了二十一个，太了不起了！

大家写了几个？"可爱""漂亮""真棒""帅""聪明"……再往后，恐怕就很难继续写下去了。没错，其实表扬是很难

05 这样表扬，男孩会进步神速

的。没有哪个孩子不喜欢被表扬，家长也想奉行鼓励式教育，而事实上却连表扬的话都想不出来。这是为什么呢？

我认为其中一个原因是家长自己在成长中也没有得到过太多的表扬。整个东亚文化都奉行谦虚内敛、不直接表达肯定的文化传统。在这种文化背景下，家长往往很少表扬自己的孩子。

各位家长是在父母和周围人的称赞下长大的吗？如果答案是肯定的，我认为这是一笔非常美妙、无可取代的人生财

富。在我的印象中，我一直是在批评声中长大的，尽管我确实也做了很多调皮捣蛋的事。

家长之所以不会表扬孩子，是因为自己也不习惯得到表扬。因此，怎么表扬，表扬什么，家长本人也没有太多切身的感受和体会。话虽如此，家长也大可不必复制这种缺少鼓励的育儿方式，一定要在养育过程中多多表扬男孩。

▍发现男孩的闪光点

所谓表扬就是要传递积极的信息。虽然不能说"批评"就一定不好，但往往还是会传递负面信息。

你儿子是个爱表现的人吗？我的儿子们都是爱表现的人。我相信你的孩子有时也会乐于表现自己。我们可以通过表扬让孩子的情绪高涨，从正面意义上变得爱表现。

我当幼师时，曾经大加称赞过一个五岁的男孩把自己抽屉里的衣服叠得很整齐。

> "你叠衣服叠得真好。你把衣服叠得这么整齐，衣服也会很高兴的。"

说完这两句话我就离开了教室。后来，这个孩子把其他小朋友抽屉里的衣服也都拿了出来，把它们都叠得很整齐。男孩很可怕，他们一旦被表扬，就会一股脑儿地继续表现下去。

人与人之间在能力上并没有太大的差异，但在积极性上却会有很大的差异。希望大家能通过表扬孩子，让孩子对各种事情表现出积极性，做自己喜欢并擅长的事情。

表扬就是发现孩子的优点、称赞他好的地方、擅长的方面，这同时也能让家长产生积极的想法，并将其转化为语言和表情，向孩子传递正面的信息。

孩子会因为家长的表扬而确认自己的行为是对的、好的，也会更喜欢表扬他的妈妈，亲子间的互动由此形成良性循环。

所以，家长一定要尽量多地表扬孩子，这有助于建立良好的亲子关系。

怎样表扬男孩才能奏效？

▌男孩很希望得到肯定

表扬男孩的关键是什么？

上文在探讨批评时曾提到过，妈妈和儿子几乎是两种不同的生物。请大家先意识到这一点。对妈妈来说无关紧要或无所谓的事，对儿子来说却非常关键或重要。家长的管教不起作用，主要原因在于大人和孩子意识上的偏差。想让男孩听话，就要摸到男孩的"脉"：哪些事会让男孩感到高兴？排除个体差异、年龄差异的因素，我们可以总结出以下几个男孩的共同点。

- ▶ 自己的特长和能力得到认可。
- ▶ 发现自己能帮到别人。
- ▶ 完全依靠自己的力量完成一件事。

怎么样？这三件事是不是很容易让人感到开心和喜悦？

男孩很希望得到认可，尤其希望得到自己喜欢的人的认可。随着年龄增长，除了妈妈之外，男孩会变得希望得到朋友、老师、社会的肯定。不过，家长还是第一位的。

除此之外，家长还要关注男孩表达喜悦的方式。男孩表达喜悦的方式多种多样，你儿子表达喜悦的方式是什么样的呢？

当有令人高兴的事情发生时，

- 外向型的孩子会说："耶！看，看，看！妈妈看！"
- 内向型的孩子会说："呵呵……还不错。"
- 难以区分类型的孩子会说："我当时还挺高兴的。"

当然，表达喜悦的方式因人而异，没有一定之规。不同于女性能直接表达喜悦，作为男性的男孩往往不像妈妈那样擅于表达情感，可能会表现得很笨拙。

情绪即使没有表现在脸上，内心依然很高兴

在"男儿有泪不轻弹"的社会氛围影响下，大家普遍认为男性感情外露是不好的。很久以前，日本还有一个广告宣称"是男人就要沉默地喝××啤酒"。男孩能敏锐感知到这种社会氛围，逐渐在感到高兴的时候也压抑或控制情绪。正因如此，我们才会看到上文提到的"难以区分类型"男孩。

不过，他们在受到表扬时，心里其实还是很高兴。从家长的角度来看，男孩的行为可能很难理解，表扬他时，他也并没有明显地表现出兴奋。当家长说"谢谢你帮助我！"时，男孩有时会表现得扭扭捏捏，甚至态度冷淡。我们还经常看到有些男孩在被表扬后突然跑开了。

这些反应可以解读为他脑海中产生的喜悦之情让他感到不知所措。这都是动物性的本能反应。无法坦诚表达自己感受的样子，会让人觉得很可爱。

高兴是人类最基础的情绪之一。如果一个人能充分感受并充分表达这种情绪，那就再好不过了。受到表扬而感到喜悦时，用语言直接表达喜悦，让孩子重视喜悦的感受，这本身也是值得表扬的。

希望大家能在表扬孩子的时候意识到：**让大人感到高兴的事，通过表扬，也会让孩子感到高兴，这么做会促使亲子关系变得更加融洽。**

表扬也要当场进行

▌语言简单明了，不只注重结果

那么，什么是好的表扬方式呢？其实这和好的批评方式几乎是相通的。

这并不难理解。"批评"和"表扬"都是面对男孩这一对象，表达家长的各种想法、愿望和情感。善于批评就是善于表扬。这是与孩子相处的基础。

在实践中具体要注意以下三点。

▶ 表扬要当场进行

男孩都全力以赴地活在"当下"。他们像金枪鱼一样，似乎停下就意味着死亡。男孩基本上只会看到眼前的事物。裤子破了也浑然不知；被叫起床来就发脾气，不在意会不会迟到。他们完全看不到过去和未来。

因此，如果有哪些事让你觉得"高兴""漂亮""太好了"，一定要当场告诉他们。

如果家长说"昨天的事要谢谢你""你之前的表现很好"，男孩可能就要问："嗯？你在说谁？说我吗？我做过那件事吗？"和男孩相处是一场认真的搏斗，要认真选择应该说的，省去不必说的。

▶ 表扬的话要简单明了

家长，尤其是妈妈往往都是很擅长语言表达的。不过，就是因为太擅长，他们往往会在与孩子的交流中添加过多的修饰语和个人情感。

"刚才朋友遇到困难的时候你伸出了援手，你帮助别人的时候很周到，充分考虑到了对方的心情，其他孩子和老师也都看到了，大家都觉得你很棒！"

这样说话，男孩完全听不懂。

不如直接对他说

> "你帮助朋友的样子真是太棒了！"

首先要表扬他的行动，让他意识到行动的价值。**家长要传达的基本信息就是"你做得非常好"，这是表扬的核心。**

▶ 不要只注重表扬结果

儿子考试得了100分，家长肯定很高兴吧！这时应该怎么表扬呢？

> A 妈妈说："太棒了，得了100分！下次继续努力。"
>
> B 妈妈说："太棒了，这是你努力学习换来的结果。"

A 妈妈在称赞考试结果。这是对"100分"这一事实的评价。这样评价的家长很容易将下次的标准定在100分，以此要求孩子，孩子可能会因为压力过大而逐渐失去积极性。极端地说，只有从现在开始不再参加考试，孩子才会一直保持100分的成绩纪录。长期如此，孩子会对努力产生抵触。家长在表扬的过程中其实已经在不经意间给孩子带来了压力，逐渐让孩子因焦虑而丧失主动性，不愿再努力。

相反，B妈妈表扬的是<u>过程</u>，这是对孩子付出努力的赞扬。努力没有上限，是对"更好的自己"的追求，是无形的。正因如此，人可以无限地努力。只要自己的努力收到了回报，积极性就会持续提升，不断推动自己做好下一件事，并愿意付出新的努力。

A妈妈肯定也非常爱自己的孩子，她的表扬也很好。不过，**如果表达方式过于集中在结果和看得见的物质上，即使费尽心思表扬了孩子，也未必能起到正向激励孩子的作用。**

只要注意以上三点，表扬男孩的意愿就会被更好地表达出来。请大家一定要在实践中注意这些要点。

略微夸张地表扬更有效

▌说出"酷!""太棒了!",不需要理由

表扬时,家长可以适当"吹捧"一下男孩。这招对男孩很管用。

男孩从小就很在意别人的评价。相对于女孩看重"感情",男孩则看重"排序"。简单而言,他们更在意"自己是第几名""自己是不是比那个人排名靠前""周围的人如何看自己"等。

到了五岁左右,男孩会开始做一些手工,比如制作"变身腰带"和奇怪的"英雄头饰"。那时他们会非常努力地表现自己。

他会喊着"耶!咚!"的口号,从沙发上跳下来,在地上翻滚,和看不见的敌人战斗。最后一定会来到家长面前,

摆出一个莫名其妙的姿势。这是最后的关键姿势,他会用尽全身力量展示自己的英姿飒爽。家长千万别忽视。这是对男孩最重要的,也是让他使出浑身解数摆的姿势。

此时此刻,他正充满自信,在心里说:

"今天我也拯救了世界!"

"我是最棒的!"

"我很帅!"

这时,请你千万不要说"哦,不好意思。帮我拿一下酱油!"或者"你的裤子穿反了"之类的话。这样对待拯救世界的英雄太没有礼貌了。

家长要配合男孩。你可以对他说:

"好帅啊!"

"你最棒!"

不需要任何意义，也不需要有任何理由，尽情称赞他即可。仅此一点就足以让孩子满意了。**只有当孩子自己的想法和他人的评价一致时，他才会对自己产生信心。**

请家长在各个场合都要注意及时回应孩子。表扬的时候也是一样。给男孩送上最强烈的赞美，夸张一点也没关系，每一句话都表达你对他的赞扬。假如他平时回家，通常会把衣服脱得到处都是，今天碰巧脱鞋时把鞋子摆放整齐了。你一定会很高兴！这时，请用语言表达出你内心的喜悦。

> "你把鞋摆好了啊，太棒了！谢谢！"

家长可以用这种最基本的表扬方式。当然，也可以表扬得更具体一点。

> "你把鞋摆好了啊，谢谢。随手把鞋摆放整齐后就是干净利落。"

还可以稍加变动，同时表达家长的心情。

"你把鞋摆好了啊，谢谢。把鞋摆放整齐后看着就是干净利落。看你这么做妈妈很高兴，把东西摆放整齐是个好习惯！"

"谢谢！""我很高兴！"是最好的表扬

这似乎与上文提到的"表扬的话要简单明了"是相互矛盾的，其实不然。我们要注意避免让语言中包含多种价值观和方向，这样容易让孩子陷入混乱。

虽然上文表扬孩子把鞋放好的这句话有点长，但从中传达出的信息很简单，那就是"妈妈高兴"。其中包含着可以增强"高兴"色彩的词语。男孩听到这样的表扬会感到高兴，认为自己的行为是好的，而且能切身感受到家长也很高兴，激励他今后继续这样做。

我们还可以让这句表扬的话变得再夸张一点。

"哇，鞋摆得真整齐！谢谢你摆得这么整齐。看起来鞋也很开心，妈妈也很高兴！如果你每天都摆放得这么整齐就好了。如果妈妈今后也能看到鞋摆放得这么整齐，会为你感到骄傲的！"

只是把鞋摆放整齐就能得到这样夸张的表扬，相信男孩也会很高兴。因为他看到自己最在意的人很高兴，自己也会很开心。如果再做同样的事，妈妈一定会更高兴，他就更有动力继续这么做。

不过，话虽如此，家长也不宜表现得太夸张，否则就会给人在说谎的感觉。比如家长千万不要这样说：

"你把鞋摆放整齐了！谢谢！我超级超级高兴！鞋子笔直地摆放整齐，妈妈的内心也变得舒适了。感觉真好！妈妈觉得你现

05 这样表扬，男孩会进步神速

在好像奥特曼打败了怪兽之后威风凛凛的样子。从现在开始，你就把鞋当成怪兽，然后坚决地战胜它吧！如果你能做到，你就能随时随地成为大家的英雄！

"今后也要好好表现啊！今天真是太棒了！"

积极向男孩表达心意

▍仅用一句"干得漂亮"概括，会显得肤浅

表扬男孩时，一定要用恰当的话。换句话说，就是要表达出家长"真实的感情"。

家长在孩子面前总要保持一个姿态。一方面是出于做父母的自尊心，另一方面是给孩子一种权威感。出于这种想法，家长往往想要在孩子面前表现得更优秀、更理想化。

在孩子面前突然变得"圣洁、正直、优雅"，像表演**歌剧**一样，从某种程度上说这也是家长没有办法的办法。然而，总是端着一副威严正经的姿态，表扬孩子的时候就容易显得肤浅，像是在说客套话。

> "这件事做得挺好。"
>
> "你的朋友也很高兴。"
>
> "做得不错。"

我并不是说这样的表达方式不好,只是我希望家长们能用更具有故事性的表达方式传递更多的情感和想法。

话语中要包含肯定孩子的具体行为和事实的意思。换句话说,如果家长用"随时""随地""任何人"都可以使用的平实的语言表扬孩子,的确很方便,但仅凭这些日常中常见的表达很难传递出家长个人的体会和感情,会给人一种"即使是表扬,也很糊弄"的感觉。

> "你做了件好事。妈妈非常高兴哟!"
>
> "你的朋友也很高兴。妈妈看到这个,心里也暖暖的。"
>
> "你做得很好。你变得像个大哥哥了!快去告诉爸爸吧!"

不如像上述示例这样，加入家长自己的话语和想法，让表扬变得更加真实具体，更能打动孩子的心。

孩子会依据家长的表扬建立价值标准

坦白说，养育孩子是一种将父母的价值观强加给孩子的行为。说"强加"可能听起来有点粗暴。不过，**在孩子心中树立"好坏"的判断标准，就是父母教养孩子的职责**。因此，家长一定是将自己认为好的事情和认为不好的事情同时用清晰的语言传达给孩子，以此在他心中建立价值标准。

想做到这一点，关键在于不要仅靠一般的语言描述来说教，而是要在事情发生的当下，直接告诉孩子，哪些是好的，哪些是不好的。通过一遍又一遍地重复，孩子会在自己心中建立起各种价值判断的标准。**孩子所做的一切，无论是好事还是坏事，都基于从父母那里承继下来的价值标准**。正所谓

"孩子是父母的镜子"。无论是经常被表扬的孩子,还是经常被批评的孩子,之所以会变成他现在的样子,很大程度上都是受到父母教养方式的影响。

表扬,就是通过认可孩子的行为,在孩子心中树立善恶的价值观和判断标准的过程。由此可见,表扬非常重要!

整天调皮捣蛋的男孩，也有值得夸奖之处

仔细观察，你就能发现孩子的闪光点

你认为批评和表扬哪个更难？

两者的初衷都是想让孩子变得更好。虽然方式相反，但家长表达想法的方式主要体现在这两者上，其实二者是表里一体的。

我和很多家长聊天时发现，大家很难掌握批评的尺度。我建议可以先学着从表扬开始，理解男孩，抓住他的特征，明确他喜欢的东西和个人性格等，然后再批评。这就是为什么我强调表扬孩子更重要。

我曾经是一名幼师，还养育着三个男孩。我长期从事青

少年工作，经常和很多孩子一起进行户外活动。我后来成为了一名大学老师，把很多学生培养成幼师、教师，让他们走向社会。以我的经验来看，表扬是最关键的事，也是非常容易做到的——只要家长愿意**仔细观察自己的孩子**。

即使都是男孩，他们之间也只有"男性和孩子"这两个共通之处，每个人都是独一无二、不可替代的。虽然有的男孩性格非常相似，也有很多共同的喜好和习惯，但并不是每个男孩都一样。

另外，男孩的性格会根据各自的年龄、兄弟姐妹的构成和父母教养方式的不同，有很大差异。如果有一百个孩子，就有一百种性格，与他们的相处方式也应该有一百种。

家长可能认为有一些东西，比如语言和教育方法的改变可以让孩子发生巨大的改变。事实并非如此，理想情况只存在于电视剧和漫画里。如果有放之四海而皆准的育儿方法，恐怕早就普及到全世界了。

"育儿没有捷径"。尤其是养育男孩，更没有捷径或退路，反而有很多想不到的"坑"。育儿的过程中有死胡同，还有弯弯曲曲、坑坑洼洼的路，家长不可能径直地、慢悠悠地行走，反而经常是匆匆忙忙，充满紧张的状态。这就是育儿的常态。

即使是这样的道路也必须前进，关键是要好好看清脚下的路。

仔细观察孩子，找到未曾发现的闪光点

你最近有没有仔细观察过自己的儿子？

在这样一个高速发展的社会中，社会运行的速度一年比一年快，成年人也越来越没有空闲时间。另外，在被社会节奏追着向前走的过程中，孩子们的生活也变得愈发忙碌。

我们经常能听到"快点，快点""没时间了""下次再来""稍后"。如此快节奏，家长很难踏踏实实地坐下来和孩子沟通，也就很难再仔细观察孩子了。

我希望各位家长能停下来，创造一些时间、空间和机会与孩子一起成长。 同时，也借此机会仔细看看你的孩子。给他充分的自由，和他一起尽情玩耍，你会意外地发现他有很多优点。

- ▶ 努力
- ▶ 笑容灿烂
- ▶ 动作敏捷
- ▶ 爱表达，尽管有时像个话痨
- ▶ 像个百事通
- ▶ 对朋友很友善
- ▶ 单纯
- ……

你看，男孩真的有很多可爱之处。

每个孩子都是独一无二的，也是宝贵而美好的。每个孩子身上都有很多闪光的地方，也就是值得称赞的地方。但遗憾的是，与孩子最亲近的父母却常常忽视这一点，或许正是因为太亲近才会这样。

我建议大家静下来，仔细观察自己的孩子，有可能不知不觉就只看到缺点。那就先把缺点放在一边，试着找到他的优点吧！

构建良好的亲子关系就从这里开始。

06 斗智斗勇,养育男孩也可以乐在其中

男孩对妈妈的要求

▮▮男孩就是很喜欢妈妈

男孩都很喜欢妈妈。这是板上钉钉的事实。妈妈们一定也有切身的体会吧。

小时候,男孩只要看不到妈妈就会哭。无论是蹒跚学步时,还是刚学会走路之后,总会一直跟在妈妈身后。不仅是洗澡,就连上厕所也要一起进去。男孩常是彻头彻尾的"妈妈的跟屁虫"。

在托儿所和幼儿园,每天早上分别的时候男孩也会哭喊着叫"妈妈,妈妈"。非常抗拒和妈妈分开,眼睛一直追随着妈妈离去的背影,用尽浑身力气不想和妈妈告别。经历这样的场面,妈妈当然会很舍不得,内心也会产生被孩子依恋的幸福。男孩的这种状态很像"狂热的追星族"。你的孩子有没有要求妈妈签个名呢？我妻子每天早上都要给孩子签名。

包括心理学在内，所有与孩子相关的学科都会将"母子关系"视为一种特别的关系。这种关系非常牢固，是人类作为一种高级生物最基本、最根本的关系。

妈妈经历十月怀胎，冒着生命危险才生下了孩子，才获得了妈妈这个身份。孩子会本能地认识到，自己生存的原点在于妈妈，和妈妈在一起就能确保自己稳定又安全。在这样的前提下，自然就能理解孩子对妈妈的期望是什么——"我希望妈妈能照顾我"，非常简单。

换个说法就是，

"我希望妈妈一直关注我。"

"我希望妈妈关心我。"

"我希望妈妈一直说喜欢我。"

看起来有点要求太高，但这就是他们的真心话。

▍"妈妈要照顾我""妈妈要一直关注我"

当然，这种情况不会持续很久，不过至少在第二性征开始出现的青春期，也就是男孩上初中之前都是如此。

在孩子眼中，自己和妈妈是两个人，但又可以融为一个整体。母子关系就像关系非常融洽的搭档，或者是二人组合。妈妈的离开会让男孩感到不安。

男孩总是想和妈妈在一起，想让妈妈填满自己的内心。小时候，如果不能直接看到、触摸到妈妈，就会感到慌乱，但只要他相信妈妈是爱自己的，即使暂时看不到妈妈，也能让妈妈成为心灵的依靠，支撑自己继续努力。不过，这段时间持续得很短，妈妈的力量不会持续太久。

当男孩更加确信自己被爱包围时，妈妈的力量就会给他更长时间的支持，在这种支持下，男孩会尝试与妈妈以外的人交往。即便如此，男孩最终还是要回到妈妈身边，补充能量。同时，还会从妈妈那里得到内心的安抚和慰藉。调整好心情后，第二天又可以继续努力了。可以说，家庭和家人的重要作用就在于此。

我希望各位妈妈，能一直以恰当的方式爱自己的儿子。小时候，爱的方式是直接给予。通过照顾孩子的起居生活表达爱，比如母乳喂养和换尿布等。这种爱可以称为"关爱之爱"。

这些关怀当然是必要的,不过在男孩不断成长、走向独立的过程中,希望妈妈们能更多地用丰富的语言表达方式来传达爱。这种爱可以称为"关系性的爱"。建立这种关系可以通过表扬,也可以通过批评。

06 斗智斗勇，养育男孩也可以乐在其中

应该对男孩严厉一点吗？

▋ 不要用"男子气概"来规训男孩

经常感觉"被孩子深爱着"的家长往往会有一个烦恼：这种黏人的状态应该持续到什么时候呢？

家长可能会认为孩子很可爱，想永远把他留在身边，好好抚养他。这样的"蜜月期"当然不能永远持续下去。

家长都希望孩子长大，努力学习，参加考试，找到工作，恋爱，结婚。不过这些都是很久以后的事，现在还是可爱的小男孩，就保持这种状态吧。大家是这样想的吗？

不过，既然是男孩，还是希望他能自立自强，勇于承担责任。"永远黏着大人怎么行，长大了也没出息。"我相信大家都希望男孩即使不能变得"顶天立地"，也要足够坚强、有男

子气概。一旦你心里有这样的想法，有时就会对男孩采取不必要的强硬手段，比如在成长过程中用严厉的方式约束孩子。

我常会听到家长对男孩说这样的话，

"你要哭到什么时候？你是个男孩，不要总是哭哭啼啼的！"

"赶紧做决定。你这样磨磨蹭蹭地也想不明白。"

"别总是一副优柔寡断的样子！你是个男孩，自己决定的事就不要改！"

家长这样说，显然是希望孩子能成长为一名理想的男性。我并不认为这本身有什么不好。不过，在当今时代，并不是所有的男孩都要成长为"有男子气概"的人。

如果你想培养出一个非常有男子气概的人，身强力壮、坚定有力、具备引领千军万马的领导能力，这样的培养方向并无不妥。不过，有意识地向着"具备男子气概"的方向培养儿子，不一定就能如愿。这种不确定性就是育儿的难处，同时也是乐趣所在。

比男子气概更重要的东西

当今社会，男子气概固然重要。不过，是不是有些品质比这个更重要呢？

比如"亲切温柔""细心周到""善于沟通""人脉圈广""善于协调""快乐""心态松弛""善于策划"，等等，数不胜数。

看似"硬汉"的男性，生活得都很快乐吗？仔细看看，他们是不是也会被"男子气概"的要求压得喘不过气来呢？

如果是这样的话，就更不必强行将自己的孩子培养成所谓的"男子汉"，关键是要先告诉孩子生而为人必须要懂得的人生道理。

我在培养自己的孩子时尤为注重的是以下两点：

- 活着是一件非常快乐的事情。要笑着生活。
- 人是值得信任的美好生物。

我的三个孩子都是男孩，但我从来没有觉得他们必须要有男子气概。

在养育男孩的过程中，有时是需要严厉的。虽然我并不否定这一点，但是在育儿过程中过分严厉和片面强调男子气概，无论是作为被养育的男孩，还是作为养育者的家长，都会很辛苦。

教养一个孩子是一项多样、自由的活动。在养育的过程中坚持沿着一条路走下去和狭隘地不承认其他养育方式，有着根本的不同。家长一定要明确自己希望传递给孩子哪些关键的人生道理，让他在温柔地呵护中长大。

如何实现与男孩心意相通？

爱他，更要理解他

怎样才能享受养育男孩的乐趣呢？

因为很喜欢他，所以想理解他的全部，但总觉得有很多事情无能为力。事情无法按照自己预想的节奏发展。明明想好好与他相处，却感觉亲子之间有着无论如何都无法逾越的隔阂……也就是说，亲子关系在"很喜欢"和"不理解"的矛盾之间摇摆不定。这些都是很常见的困扰家长的问题。

家长和男孩怎样才能保持良好的关系呢？首先，**要更好地了解你的儿子**。

家长或许觉得自己很了解孩子喜欢什么食物和动画角色。这些都是在家长的喜好影响下表现出的样子。其实你可能并不知道他的真实面目。

在我还是一名幼师时，经常有家长和我讨论亲子关系的问题。那时，我常感觉到，我们看到的男孩的样子和他们家长看到的、感受到的孩子的样子有微妙的不同。

当然，我认为孩子在幼儿园的样子和在家里的样子都是真实的。只是幼师作为教育孩子的专业人士，在照顾很多孩子的过程中观察了太多孩子的不同面。从某种意义上说，我们的观点更客观一些。

相比之下，家长以自己的孩子为中心，是从主观的角度看孩子。距离太近，或许就很难看清孩子的真实模样。

请家长更客观、理性地看待自己的孩子，尝试理解他的本质。

"进入男孩的世界"是与他友好相处的秘诀

在充分理解孩子的基础上，和他友好相处最重要的方法就是"进入男孩的世界"。

06 斗智斗勇,养育男孩也可以乐在其中

我当幼师的时候几乎和所有的男孩都是好朋友,他们好像都很喜欢我,总会邀请我和他们一起玩。

这是为什么呢?我认为,主要原因不仅在于我们性别一致,还因为我们玩耍的方式一致。换句话说,他们知道我和他们一样也在"男孩的世界"里。

希望家长们也一定要重视男孩的小世界,然后果断地进入他们的世界。进入男孩的世界,最开始会很费力。他们的世界被英雄、交通工具、昆虫和玩具占据着。而且每天都在"战斗"。光是想想就让人心累。

但请家长保持忍耐,克服困难。只要你加入他的世界,他就会非常高兴。他会这样想:

> "总是说我的行为难以理解,如今妈妈/爸爸竟然直接走进了我的世界!我太高兴了!"

当你进入他的世界,男孩会突然改变对家长的看法。在

他眼中，他和家长的关系不再是"亲子"，而是"朋友"或"伙伴"。这就是一大进步。

既然进入了孩子的世界，就一定要和他一起抓虫子，陪他玩扮演英雄的游戏，把电车和汽车笔直地排列在一起。和他一起喊"哦！耶！哦吼！"，一起从高处跳下，一起冲进水坑，一起潜入浴缸。你不妨在玩的时候留意一下孩子的表情，我相信他会表现出前所未有的喜悦。家长和孩子一起做，就意味着家长认可并接受他的行为，也就意味着对孩子本身的认可。

此外，在男孩的世界里，他是家长的老师。也就是说，他可以超越你，能教你、帮助你，他会感觉自己处于优势地位，内心因而获得极大满足。

06 斗智斗勇，养育男孩也可以乐在其中

养育男孩，痛并快乐着

一味顺从家长的男孩不是养育的目标

养育孩子的终点在哪里？我们很难为养育孩子设定一个唯一的终点，不过孩子能够独立可以算是其中的一个。

实现独立可能是孩子走进大学开始独立生活的时候，可能是走进社会开始工作的时候，也可能是结婚组建自己的新家庭的时候。你能想象如今调皮又可爱的孩子那时是什么模样吗？我相信到那时你再回首养育他的整个过程，心中一定会感慨万千。那一天也是你迎接人生转折点的关键时刻。

你听说过"空巢综合征"吗？当子女因为工作或结婚而独立时，父母的心空荡荡的，仿佛破了一个洞，不想做任何事，有时甚至会失去活下去的动力。这是由于养育子女过于努力而产生的副作用和后遗症。

该如何避免这种情况发生呢？要提前做好终有一天孩子会离开父母的心理准备。养育孩子的终极目的是把孩子培养成可以离开父母的孩子，而父母也是可以离开孩子的父母。

抚养男孩当然是一件很辛苦的事。然而，对于家长而言，养育孩子不仅仅是辛苦和劳累。

"养男孩真的很累！"我听到过很多家长叹息着说出这句话。然而，很多时候，他们似乎又很享受这种辛苦。

"真的，这孩子真的没法要了！"他们会一边抱怨，一边又豁然开朗了，隐隐期待着孩子接下来会有哪些意想不到的惊喜表现。

没错。养育男孩的辛苦其实也是一种乐趣。如果孩子完全按照你理想的方式长大会是什么样呢？

"他聪明，懂礼貌，经常把手洗得很干净，从不吃鼻屎。吃饭时不会走来走去，不会把茶水洒出来，不掉饭粒。衣服总是叠放整齐，脏衣服放进洗衣机，脏得厉害的袜子则会手洗。他不会胡闹，也不会打架，安静地在家里读书、玩益智玩具。他还会把玩具擦干净，放回原位。和朋友们相处融洽，跑得很快，体操做得很好，钢琴也弹得很好，唱歌画画也很好，英语对话很流利，对每个人都很友善，很会开玩笑。"

这是你理想中的男孩形象吗？我也希望有那么一瞬间自己的儿子能变成这样。不过，这样的孩子根本不需要家长。

"凹凸不平"是孩子的性格特质

你可能会觉得自己的孩子浑身缺点。其实，何止是孩子，我们自己也不完美。这世界上本来就不存在完美的人。正因如此，世界才显得有趣，育儿过程中的独特体验和乐趣也正在于此。

"凹凸不平"的地方正是儿子个性的体现。他集合了妈妈、爸爸和他自己的特质。**个性显现的时候，就是他成长为自己的时候。**在育儿的过程中，家长能和孩子一起成长，是非常美好的体验。

现在正在培养男孩的家长们！请加油！

男孩不会偷懒，他们会用尽全力生活，而且今后也会用尽全力发挥自己的优势，尽情地玩耍，潇洒地生活。养育这样一个极具生命力的集合体，家长也需要充满活力。

男孩是个烫手的山芋。正因如此，我希望家长能用各种各样的方法、智慧与技巧，**以不输于男孩的精气神，和他一起斗智斗勇地走下去。**